사람을
읽는 기술

성공적인 직장생활을 위해 반드시 알아야 할 매혹의 기술 120

사람을 읽는 기술

다나베 가츠노리 지음 | 최문연 옮김

평 단

차례

Chapter 5 자신을 이기는 지혜

Chapter 6 스스로를 높이는 처세술

Chapter 7 시간 관리의 기술

Chapter 8 인간관계의 처세학

사람을 읽으면
성공이 보인다

어떤 분야를 막론하고 성공한 사람에게 그 비결이 무엇이냐고 질문을 던지면 대부분 열정과 성실을 이야기한다.

불타는 열정과 성실함이 없이는 어떠한 일도 이룰 수가 없다.

오늘날처럼 치열한 경쟁사회에서 우리는 최후에 성공하는 사람이 되어야 한다.

성공한 사람이 되기 위해서는 상대의 마음을 읽고 어떻게 사로잡을지에 관심을 가져야 한다.

상대의 마음을 읽고 사로잡는 데에는 몇 가지 핵심 전략이 있다.

1. 서로 주고받는 것이 엄격해야 하고
2. 상대에게 진실함을 주어야 하며
3. 예의 바르게 행동하고
4. 자신을 돌아볼 줄 아는 겸손함이 있어야 하며
5. 정확한 시간 관념을 가지고
6. 돈에 대한 신중함이 있어야 한다.

이런 원칙을 가지고 상대의 마음을 읽는다면 당신이 원하는 모든 것을 얻게 될 것이다.

다나베 가츠노리

Chapter 1

도전을
멈추지 마라

꿈꾸어라. 그러면 갖게 될 것이다.

아무도 무시 못할 힘을 키워라

세상은 우리에게 노력이란 대가 없이 아무것도 주지 않는다. 누군가 먼저 다가와 어깨를 두드리며 거저 기회를 가져다주지는 않는다.

공짜로 무엇인가 손에 들어오기를 기대하고 바라는 것처럼 어리석은 일은 없다.

이러한 이치를 모르는 사람은 없을 것이다. 하지만 이런 사실을 잘 알고 있는 사람일수록 "도와주는 사람이 아무도 없으므로 성공할 기회가 없다"고 푸념을 늘어놓으며 중도에 포기해 버린다.

이러한 생각이야말로 우리가 성공을 향해 걸어가는 데 가장 큰 방해 요소다.

다른 사람의 힘을 빌릴 필요는 없다. 성공에 필요한 힘은 이미 당신의 마음속에 있기 때문이다.

지금 성공에 이르기 위해 가장 필요한 것은 당신이 이 세상에서 충분히 행복할 가치가 있는 사람이라는 신념과 이러한 사람이 되고자 하는 의지다.

행복과 성공은 오직 당신의 힘으로 움켜잡아야 한다.

 week

겉에서 일어나는 일들은 당신 내면에서 일어나는 것보다 중요하지 않다. 내면의 힘을 기르는 데 집중하라!

002

매일 1분씩 꿈꾸는 훈련을 하라

인생에서 가장 중요한 것은 무엇일까? 바로 어떻게 살아야 성공한 인생인지를 진지하게 생각해 보는 데서 시작할 수 있다.

그런 다음 유년 시절 꾸었던 꿈을 향해 날개를 활짝 펼쳐 보라. 그리고 오랫동안 쌓인 먼지를 훌훌 털어버리고 매일 1분씩 꿈꾸는 훈련을 시작하라.

상상력 하나를 세상 밖으로 자유롭게 날게 할 수 있다면 어린 시절 품었던 꿈을 되살릴 수 있다.

스스로에게 확신을 가져라. 인생에서 일어나는 싸움 중 3분의 2는 일어나지도 않은 일을 놓고 마음속에서 고민하는 갈등이다.

미국의 자동차 왕 헨리 포드는 다음과 같이 말했다.

"당신이 된다고 생각하든 안 된다고 생각하든 모든 것은 당신의 생각대로 될 것이다."

어려움에 맞닥드렸을 때 어떻게 받아들이고 어떻게 대처하느냐에 따라 행복과 불행, 도약과 후퇴가 결정된다. 어려움에 봉착했을 때 '도저히 어떻게 할 방법이 없다'고 생각하면 마음이 점점 위축되고 어떤 지혜도 발휘할 수 없다.

기억하라. 당신 자신에게 확신을 갖는 태도야말로 성공적인 인생을 사는 가장 확실한 원동력이란 사실을.

그러기 위해서는 매일 1분씩 먼지 속에 묻혀 있는 당신의 꿈을 꺼내 닦아야 한다.

 Think week

오늘 하루를 어떻게 보내느냐에 따라 우리의 인생이 결정된다.

003

인생이란 마음먹기에 달려 있다

사람들은 윌리엄 켈로그를 그의 형과 비교해서 인생의 낙오자라고 생각했다. 그러나 그는 형이 갖고 있지 못한 탁월한 능력을 가지고 있었다. 언제나 그는 스스로에 대한 강한 확신에 차 있었다.

당시만 해도 윌리엄 켈로그는 이렇다 할 성공을 거두지 못한 채 그저 평범한 인생을 살고 있었다.

하지만 미래에 대한 꿈을 그리는 일만은 결코 포기하지 않았다. 그리고 그것이 오늘날 윌리엄 켈로그에게 엄청난 성공을 안겨 주었다.

인생에는 결코 '때늦음'이란 있을 수 없다. 시간은 아직도 충분하다. 이렇게 마음만 먹는다면 이 세상에 못할 일이란 아무것도 없다. 가장 중요한 것은 당신과 당신에게 주어진 천부의 재능을 신뢰하는 일이다.

살다보면 가끔씩 다른 사람들로부터 불신을 받을 때가 있다. 친구도 친척도 사회도, 때로는 가장 사랑하는 가족마저도 믿어 주지 않을 때가 있다.

그러나 당신의 의지만 확고하다면 주위 사람들이 뭐라고 말하든 성공을 성취하는 데 전혀 장애가 되지 않는다.

Think week

우리의 운명은 겨울철 과일나무와 같다. 그 나뭇가지에 다시 푸른 잎이 나고 꽃이 필 것 같지 않아도, 우리는 그것을 꿈꾸고 그렇게 될 것을 잘 알고 있다.

자신과 상관없는 정보는
과감히 무시하라

당신 주변을 둘러보라. 아무리 발버둥을 쳐도 '패배의 메시지'로부터 멀리 도망치기는 힘들다.

현대인은 누구나 비관론의 집중 포화를 받고 있다. 사람들은 그런 까닭에 소심하고 나약한 사고방식에 찌들어 꿈을 잃어버린 채 하루하루를 살아간다.

이런 문제를 일으키는 가장 큰 원인은 언제든지 켜기만 하면 들려오는 나쁜 뉴스가 큰 몫을 차지한다. 오늘날 뉴스 보도 내용은 99퍼센트가 비관론이라 해도 과언이 아니다.

모든 인간에게는 회사 문제나 가정 문제처럼 사소한 걱정이 항상 따라다니게 마련이고, 이런 걱정 때문에 인생의 길을 잘못 선택한 사람도 적지 않다.

뿐만 아니라 매일 뉴스를 보면서 전 세계의 잡다한 문제를 걱정해야 한다. 실제로 텔레비전은 날마다 이런 뉴스를 쏟아 붓는다.

"핵전쟁의 위협이 다가오고 있다. 아무리 많은 돈을 저축하고, 성공을 위해 뛰어다닌다 해도 지구가 멸망하면 모든 게 끝장이 아닌가. 경기는 좀처럼 좋아지지 않고 무역 불균형도 개선될 기미를 보이지 않는다. 성실하게 일하는 사람만 바보 취급당한다. 인간의 도덕성은 땅에 떨어지고 범죄는 날마다 증가하고 있다. 누구 하나 믿을 만한 사람이 없고, 가는 곳마다 공포로 뒤덮여 있다."

하루에 몇 시간씩 텔레비전을 보는 사람들의 머릿속은 자신도 모르는 사이에 이런 쓸데없는 걱정으로 가득 차게 된다.

하지만 일어나지도 않은 일에 당신의 소중한 시간을 낭비하지 마라. 현재의 일도 모르면서……

 week

혹시 내일 일어날 일을 미리부터 걱정하고 있지는 않은가?
현재의 일도 모르면서……

005

위대한 사람의 생활철학을 익혀라

인생을 새롭게 변화시키고자 한다면 지금 당장 시작하라. 소심하고 나약한 사람들이 늘어나면 늘어날수록 굳센 의지와 신념을 가진 사람들은 성공이란 보물을 쉽사리 손에 넣을 수 있다.

중요한 것은 최고의 인물이 되겠다는 꿈과 자신의 운명을 스스로 개척해 나가겠다는 의지다.

얼마나 많은 사람들이 일상의 작은 곤경에 힘없이 무너지는가. 그들은 이미 싸우기를 포기했으며 인생에 백기를 들고 '패배의 메시지'에 완전히 지배당하고 있다.

밝은 미래를 꿈꿀 수만 있다면 틀림없이 당신도 위대한 사람들과 똑같은 길을 걸을 수 있다.

나는 오래전에 이미 엄청난 부와 성공을 이루었지만 지금도 여전히 원대한 꿈을 꾸고 있다. 다시 한 번 더 전진하여 새로운 산을 정복할 것을 꿈꾼다. 그리고 내가 영원히 눈을 감는 순간이 온다면 나는 그때 세상 사람들에게 다음과 같은 말을 듣고 싶다.

"저 사람은 매순간 꿈꾸기를 포기하지 않았어. 정말 대단한 사람이었지."

'패배의 메시지'는 매순간 사방에서 소리 없이 덤벼든다. 그것을 무너뜨리기 위해서는 강인한 정신력으로 무장해야 한다. 이 메시지에 귀를 기울이다가는 당신도 모르는 사이에 결국 파멸의 길로 접어들고 말 것이다.

자, 이제 당신은 어떤 인생을 선택할 것인가? 암담하고 비참한 인생인가, 아니면 꿈과 희망이 가득 찬 인생인가?

Think week

인생에 정답이란 없다. 인생에서 불운을 당할 위험을 무릅쓰지 않으면 행운을 맛볼 수 없다.

006

날마다 이기는 습관을 연습하라

인생에서 성공하는 비결이 재능이나 외모에만 있는 것은
아니다.

그렇다면 무엇이 우리를 인생의 정상에 서게 할까?

한마디로 표현하면 '무언가를 성취하려는 욕구', '이루
려는 의지'라 할 수 있다. 이것을 무엇이라 부르든 인생에서
성공하기 위한 핵심 비결은 바로 '의지'에 달려 있다.

그런데 자신이 갖고 있지 못한 재능이나 지식을 찾기 위해
안간힘을 쓰는 사람일수록 이러한 사실을 간과한다.

성취하고자 하는 욕구는 승리에 이르는 공식 중 가장 핵심
이라 할 수 있다.

끊임없이 성공을 추구하는 사람은 잠시도 가만히 앉아 있

지 못한다. 잠을 잘 때도, 길을 걸을 때도 마음속에는 항상 성공을 거둔 자신의 모습을 그린다.

혹시 머릿속에 '불가능하다'는 생각들이 스쳐갈지라도 가슴 깊은 곳으로부터 우러나오는 성공에 대한 욕구 때문에 조금씩 앞으로 전진한다.

성공의 문을 열려면 끊임없이 밀거나 당기는 노력을 해야 한다. 빌딩의 문이 자동이 아닌 이상 계속해서 밀거나 당겨야 한다. 성공의 문도 그 앞에 서 있기만 해서는 열리지 않는다. 그 문을 열기 위해서는 직접 밀거나 당겨야 한다.

 week

누군가가 삶이 고달프다고 말하는 것을 들을 때면 나는 이렇게 묻곤 한다. 무엇과 비교해서?

007

인생은 100미터 경주가 아니다

성공하는 데는 인내심이 필요하다. 자신의 몸을 던져서라도 목표 달성을 위해 열심히 뛰겠다는 자세를 갖고 있다면 인내심은 저절로 몸에 스며든다.

성공의 길을 걸을 때 인내심만큼 훌륭한 반려자는 없다. 어떤 일을 하든지 그것이 순조롭게 잘 이루어지기까지는 적어도 3년에서 5년의 시간이 걸린다. 처음 1년 6개월 정도까지는 무엇을 하든 생각과 실제가 일치하기 어렵다.

따라서 인내심이 없으면 얼마 지나지 않아 포기하고 싶은 생각이 들 수 있다.

이때 기억해야 할 성공의 불문율이 있다. 즉 인생은 100m 달리기 경주가 아니라는 사실이다. 우리 인생은 장기 레이스를 펼치는 마라톤과 같다.

하는 일마다 잘 풀리지 않더라도 포기하지 말고 최선을 다하느냐, 중도에 포기하느냐에 따라 승자와 패자가 결정된다. 무슨 일이든 처음에는 잘 안 되는 법이라고 생각하고 마음의 여유를 가져라.

 week

'1'을 만드는 데는 인내심이 필요하다. '0'에서 '1'을 만들고, 이를 소중히 여긴다면 '1000'을 만들기는 생각보다 쉬울 것이다.

꿈을 꾸는 데는 비용이 들지 않는다

꿈을 꾸는 것은 성공을 향한 첫걸음이다. 꿈이야말로 성공하는 데 가장 강력한 위력을 발휘한다.

"어떤 꿈이든 꿈꿀 수만 있다면 그 꿈은 언젠가는 결국 실현된다."

혹시 이 말에 수긍하지 못하는 사람도 있을 것이다. 그러나 앞에서 언급한 것처럼 '무언가를 이루려는 욕구'가 이기는 습관이라면 이러한 욕구를 낳게 하는 것은 꿈이라 할 수 있다. 꿈이라는 연료가 있어야 비로소 간절한 소망이 불타기 시작한다.

자신만의 고유한 꿈을 꾸지 않는다면 결코 성공의 길로 들어설 수 없다.

꿈을 잃은 사람은 시체와 같다. 누구라도 꿈이 있는 동안은 성공할 기회가 있다.

혹시 현재 위치가 지극히 어둡고 절망적인가? 그렇다고 언제까지 그런 생각에 빠져있을 것인가?

비관적인 생각은 이제 저 멀리 던져 버려라. 그 대신 꿈과 신념이 갖고 있는 엄청난 힘을 믿어라.

Think week

신념을 갖고 있는 한 사람의 힘은 관심만 가지고 있는 아흔아홉 사람의 힘과 같다.

인생에서 가장 큰 파산자

인생에서 가장 큰 실패자는 꿈꿀 힘을 잃어버린 사람이다. 보통 사람들은 나이가 들어감에 따라 현실적으로 사물을 보게 된다. 곧 '세상은 나를 중심으로 움직이지 않는다'라는 냉엄한 현실을 발견한 날부터 차츰 자신만의 고유한 꿈을 잃어 버린다.

꿈은 아득히 멀어지고, 그 꿈을 이루기란 도저히 불가능한 것처럼 여겨진다.

'내 꿈은 반드시 실현될 수 있다'라고 스스로 다짐해 보아도 자신의 능력에 대한 확신은 점차 흔들린다.

그 순간부터 인생은 너무나 비극적으로 바뀐다. 하지만 인생에 대해 지나치게 소극적으로 대응하다 보면 '어떤 일을 해도 어차피 난 별 볼 일 없는 인간이다'라는 자포자기 심정에 빠지게 되고, 결국 희망을 갖고 꿈을 꾸는 것이 어떤 것인지조차 잊어버리게 된다.

이런 사람은 아침이 되어도 일찍 일어나지 못하고 이불 속에서 움츠리고만 있다. 극단적으로는 일과 생활마저 포기하게 된다.

지하철 구내나 역 대합실 또는 공원을 둘러보면 넝마를 걸치고 있는 '인생의 낙오자'들을 자주 볼 수 있다.

모든 인생을 포기해 버린 사람들, 스스로 이 세상에 살 가치가 없다고 자포자기해 버리는 사람들, 그들은 오늘날 우리 사회에서 가장 큰 '인생 파산자'임에 틀림없다.

어둠이 있어야 행복한 삶도 존재한다. 항상 행복하기만 하다면 행복은 그 의미를 상실해 버리고 만다.

010

때때로 희망의 열매가
커가는 모습을 확인하라

꿈을 꾸지 않은 사람은 마음이 죽어 버린 것과 같다. 세상에는 하루살이 인생처럼 그저 흘러가는 대로 계획 없이 살아가는 사람이 있다.

아직 희망을 버리지 않았더라도 유년 시절에 비해 그 크기가 상당히 축소된 상태다. 이렇게 축소된 꿈은 우리를 의기소침하게 만든다.

하루하루를 무기력하게 보내며 성공하기를 기대한다는 것은 참으로 어리석은 일이다.

성공을 거두고 싶으면 '꿈을 꾸는 것은 어린 시절에나 가능한 일'이라는 생각부터 버려야 한다. 인생의 낙오자가 아닌 승리자가 되기 위해서는 무엇보다 어린 시절의 꿈을 기억해내는 것이 중요하다.

그러나 꿈이 이루어지기를 바라는 것은 좋지만, 아무런 노력 없이 행운만을 기대해서는 안 된다. 행운을 자기 것으로 만들려면 많은 노력이 필요하다. 그리고 행운이 찾아온 것을 확인하는 데도 훈련이 필요하다. 감각을 곤두세우고 있어야 한다. 가만히 앉아서 행운을 기다리기만 해서는 안 된다.

행운은 많은 사람들에게 찾아들지만 저절로 손에 들어오지는 않는다. 준비하지 않으면 우리 옆을 금방 스쳐지나가 버린다.

 week

행운을 자기 것으로 만들려면 많은 노력이 필요하다. 그리고 행운이 찾아온 것을 확인하는 데는 훈련이 필요하다.

011

다른 사람의 성실과 헌신을
원한다면 당신부터 시작하라

　사람은 혼자서는 아무것도 할 수 없다.

　한걸음씩 성공을 향해 앞으로 전진할 때 비로소 당신의 '필승팀'에 더 많은 사람이 참여한다.

　이때 새롭게 참여한 구성원들을 어떻게 이끄느냐에 따라 사업의 성패가 판가름난다.

　만약 다른 사람이 성실하기를 원한다면 당신부터 그들을 진심을 가지고 대하라.

　지금까지 소개한 성공의 법칙을 잘 소화한다면 성공에 한 발짝 더 다가섰다고 할 수 있다.

　그러나 인간의 내밀한 본성을 깊이 이해하지 못한다면 성공은 아직도 요원하다고 할 수 있다.

만약 상대방에게 성실과 헌신을 기대한다면 지금 당장 당신부터 시작하라. 그것만이 상대에게 성실과 헌신을 받는 최고의 방법이다.

 week

행복이란 자신의 몸에 몇 방울을 떨어뜨려 주면 다른 사람들이 기분 좋게 느낄 수 있는 향수와 같다.

012

의심은 불신을 낳는다

어떤 사람을 만나든 먼저 상대방이 좋은 사람일 것이라고 생각하라. 이것이 성공의 밑바탕이 된다.

그러나 불행하게도 대부분의 사람들은 그렇지 못하다. 과거에 다른 사람에게 상처를 받거나 큰 실망을 맛본 경험이 있기 때문에 인간은 처음부터 선량하게 태어났다는 사실을 믿지 못한다. 그리고 누구에게나 이렇게 말한다.

"사람들이 나를 속이고 이용하려 한다. 따라서 내가 그들에게 당하기 전에 먼저 손을 써야 한다."

보통 이런 식으로 상대방을 불신의 눈으로 보고 의심부터 하려 든다. 그러나 인간이 갖고 있는 사고방식은 천차만별이자 동시에 대동소이하다는 사실을 잊지 마라.

부하직원이나 동료직원이 당신에게 속임을 당할까 두려워한다면 그것은 아마도 당신 자신이 먼저 그들에게 속지 않을까 겁먹고 있기 때문일 것이다.

그들 또한 세상을 살면서 여러 차례 다른 사람에게 상처를 받아왔다. 그러므로 당신이 아무리 나만은 다른 사람과 다르다고 주장해도 상대방은 쉽게 당신을 믿으려 들지 않는다.

 week

한 번 속임을 당하면 그 사람을 원망하고, 만일 같은 사람에게 두 번 속았다면 당신 자신을 저주하라.

013

남에게 받기보다
상대방의 이익을 먼저 생각하라

기브 앤드 테이크[Give and Take], 즉 주고받는 것은 교제술의 가장 기본이다. 현대 사회는 '공존의 시대'라고 할 수 있다. 누군가에게 받기만을 기대해서는 효과적으로 인맥 관리를 할 수 없다.

상대방을 위해 최선을 다하고 상대방에게 먼저 베풀려는 봉사정신이 선행하지 않는다면 그 관계는 오랫동안 지속될 수가 없다.

'이익이 없는 곳에 오랜 사귐은 존재할 수 없다.'

이 말에 공감하지 못하는 사람도 있을 것이다.

그러나 현대사회는 사귐의 폭이 넓어짐에 따라 서로간의 이익을 유지할 가능성이 없으면 그 관계를 존속시키기가 힘들다.

만일 당신이 인간관계의 중심에 서 있고 진정한 교제를 원한다면 받는 것보다 먼저 상대방의 이익을 생각하는 자세를 취해야 한다.

성경에서는 '남에게 받는 것보다 주는 사람이 더 행복하다'고 가르치고 있다.

누군가에게 어떤 힘을 빌려주기 위해서는 정신적이고 육체적이며 시간적이고 금전적인 여유가 있을 때 비로소 가능하다.

'가난한 사람은 사귐을 끊는다'라는 유럽 속담 속에서도 이러한 사실을 알 수 있다.

그러나 봉사정신이 반드시 금전적인 문제와 연결되는 것은 아니다. 작은 성의나 배려만으로도 충분하다.

하지만 위선적인 봉사는 무의미하다. 봉사란 곧 헌신을 의미하기 때문이다.

즉흥적인 감상으로 쌈짓돈에도 모자라는 돈을 내놓거나 물건을 제공하는 정도를 봉사라고 할 수는 없다.

하지만 현대인에게 전심전력을 기울여 자신을 희생하며 다른 사람에게 봉사하라는 것은 무리한 요구다.

그럼에도 불구하고 역시 사귐에 있어서는 상대방의 이익

을 우선 생각해야 한다는 데 현대인의 딜레마가 있다.

그러면 무엇을 가리켜 봉사라고 하는가? 그것은 '마음'이 깃들어 있는 기부 행위를 의미한다. 이때 핵심은 진심에서 우러난 나눔이다.

시간을 내어 다른 사람들을 위해 일하라. 아무리 작은 일이라도 돈을 위해서가 아니라 아무런 대가 없이 다른 사람들을 도와라.

014

적당히 어리석은 자가
더 어리석다

'바다 속에 완전히 가라앉은 배는 항해하는 다른 배에 장애가 되지 않는다. 그러나 절반쯤 물에 잠긴 배는 다른 배의 항해에 장애가 된다.'

《탈무드》에 나오는 말이다.

물론 다른 사람들과 어울려 살아가는 사람치고 완벽하게 어리석은 자는 있을 수 없다.

자기 스스로 그렇다고 인정하는 사람도 없을 테고, 자기 존재를 부정할 정도로 자존심이 없는 사람이 있겠는가? 누구나 자기 자신은 소중한 법이다.

'적당히 어리석은 자가 더 어리석다' 는 말은 정확하지 않거나 어설픈 지식을 함부로 쓰면 자신은 물론 남들까지 다치게 한다는 것을 경계하는 말이다.

인간은 다른 사람들로부터 인정받기 위해 정확하지도 않은 지식을 남발한다. 이런 본능적인 유혹은 생각보다 강력하다. 스스로가 충분치 못한 지식의 소유자임을 잘 알면서도 말이다.

Think week

적당히 어리석은 자가 더 어리석다. 즉 정확하지 않거나 어설픈 지식을 함부로 쓰면 자신은 물론 남들까지 다치게 할 수 있다.

성의란 항상 최선의 노력을 다하는 것

사람을 상대하다 보면 "성의를 보여라"든가 "성의가 없다"는 말을 종종 들을 수가 있다.

이것은 자신의 기대에 못 미치거나 성에 차지 않을 때 털어놓는 일종의 불만의 표현이라 할 수 있다.

그렇다면 과연 성의란 무엇일까? 말로 끝낼 수 있는 표현인가, 구체적인 형태로 나타난 행동인가, 아니면 금전적 보상인가?

아마도 그 전부가 아닐까 싶다. 이때 사람의 성의가 반드시 겉으로 나타날 필요는 없다. 가능하면 겉으로 드러나지 않게 실행하는 것이 좋으며, 그 과정은 상대방에게 넌지시 인식되도록 하는 것이 좋다. 결과에 영향을 미치는 것이 아니면 사람은 만족할 수 없기 때문이다.

사람과 사람의 사귐이란 결국은 마음에 달려 있다. 아무리 기교나 기술을 발휘해도 거기에 진실한 마음이 없으면 만남이 깊어지지 않는다.

다른 사람을 위해 최선을 다하는 마음과 자신이 손해를 볼 수도 있다는 희생정신이 없으면 사람들은 그것을 '성의'라고 부르지 않는다.

상대방이 곤경에 처해 있을 때 힘이 되고자 하는 노력에 의미가 있다. 그렇다고 과중한 기대를 할 것도 아니고 일방적인 희생만을 요구할 것도 아니다.

그러나 이런 상황에서 도피하는 것은 모든 것을 잃는 결과를 가져올 수 있다. 이것을 꿰뚫어보는 것이 바로 현명함과 지혜라 하겠다.

인간 사회에서 의미하는 성의란 마음의 굳은 결의를 보이고 상대방을 위해 할 수 있는 최대한의 노력을 했다는 증거를 보일 때 비로소 인정받을 수 있다.

성의를 다한다는 것은 일어난 문제에 관계자가 문제의 크기에 합당한 노력을 다하고, 그에 상응한 결과를 가져와야 한다는 사실을 의미한다.

따라서 상대방을 위해 헌신하겠다는 마음가짐과 노력이

필요하다.

"좋은 목자는 양의 털을 깎을지라도 가죽을 벗기지는 않는다."

티베리우스가 한 이 말은 성의의 한계를 시사하고 있다. 교제술에 있어서 성의란 이러한 한계에도 불구하고 항상 최선의 노력이 요구되는 것임을 기억하라.

 week

자신의 기운을 북돋우는 가장 좋은 방법은 다른 사람의 기운을 북돋아 주는 것이다.

다양한 분야의 사람들과 접촉하라

당신과 무관한 다른 업종에 종사하는 사람들과도 자주 접촉하라. 당신의 직업과 관련된 사람들만으로는 폭넓은 교우 관계를 형성하기 힘들다.

누구나 자신의 전문 분야는 잘 알고 있다. 그러나 이 복잡한 사회에서는 특정 분야의 지식만으로는 성공적인 비즈니스를 할 수 없다. 자신의 직업은 물론이고 이질적인 직업 속에도 다양한 생활이 있음을 인지함으로써 사고의 폭을 넓힐 수 있다.

일본의 종합상사가 오랫동안 세계 속에서 최고의 자리를 유지할 수 있었던 것은 상사에서 수행하는 업무가 지적 산업일 뿐만 아니라 그 지식을 판매하는 취급 상품 또한 여러 분야를 포함하고 상승효과를 발휘해 가는 특수한 조직을 형성하고 있기 때문이다.

사귐에 있어서도 서로 다른 직종에까지 범위를 확대해 감으로써 지식을 쌓아가는 노력이 필요한 이유가 바로 여기에 있다.

다른 업종에 종사하는 사람들과 교류를 가지기 위해 동원할 수 있는 가장 효과적인 방법은 친구들을 적극적으로 활용하는 것이다.

그러기 위해서는 동문회나 동창회에 빠지지 않고 얼굴을 내밀어야 한다. 이런 점에서 지방 출신의 대도시 거주자는 약간 불리할 수 있다.

또 당신의 거주지 주변 사람들과 적극적으로 사귀기 위해서는 지역에서 주최하는 모임과 행사 또는 학부모회의 임원 등을 맡는 것도 한 방법이다.

만약 당신이 영업사원이거나 여행사를 운영하는 사람이라면 고객과의 만남 속에서 고객을 친구의 범주로 끌어들일 수 있다.

사무직에 종사하는 사람이 회사 이외의 사람과 만날 기회는 많지 않다. 이런 사람들은 아내의 도움을 받는 것이 좋다. 아내가 활동적이지 않거나 사교에 능숙하지 않다면 취미 활동을 통해 노력을 해볼 수 있다.

특별한 취미 활동은 폭넓은 인간관계를 구축하고자 하는 사람들에게 꼭 필요한 행동이다.

취미를 통해 형성된 교우관계는 연령, 직업, 지위를 완전히 초월한다는 장점이 있다. 그리고 업무관계로 형성된 사귐보다는 취미에 의한 인간관계가 결속력이 강하다.

 week

살아가면서 새로운 사람들과 교제하지 않으면
머지않아 혼자 남겨진 자신을 발견할 것이다.

017

상대방을 비난하지 마라

모든 사람들은 칭찬에 굶주려 있다. 칭찬받기 위해서라면 무슨 일이라도 할 수 있을 것이다.

이런 사실을 안다면 일부러 상대방을 헐뜯거나 위협하여 신뢰관계에 금이 가는 행동은 하지 않을 것이다.

아무리 상대방의 일하는 태도가 마음에 들지 않더라도 그 사람을 비난해서는 안 된다. 다른 사람을 비난하는 순간 부서 간 화합은 깨진다고 할 수 있다.

아흔아홉 번 칭찬해 주었다고 해도 그 후 단 한 번이라도 비난의 말을 던졌다면 상대방은 단 한 번의 비난만 기억하는 법이다.

상대방의 잘못된 점을 고치고 싶다면 비판보다는 암시를

주어 스스로 깨닫게 하는 것이 낫다.

　누군가 고민을 상담해 올 때는 차분히 앉아서 진지하게 상담에 응하라. 이때는 당신이 실패한 경험담을 이야기해 주는 것도 좋다. 그러면 상대방은 '이 사람도 나처럼 실패를 겪고, 그것을 극복해 왔구나!'라며 동질감을 느끼게 될 것이다. 그런 다음 여러 사람들의 에피소드를 곁들여가면서 가볍게 암시를 해주면 된다.

　마지막에 헤어질 때는 격려의 말을 건네라. 지금까지 이룬 상대의 노력과 공로를 인정해 주고, 그의 능력에 신뢰감을 표현하라.

　상대로 하여금 '좋은 상담이었다'는 생각을 갖게 하는 것은 서로의 관계를 회복하는 데 가장 훌륭한 보약이다.

Think week

상대방의 잘못을 고치고 싶다면 비판보다는 암시를 주어 스스로 깨닫게 하라.

⊙ 도전에 관한 격언

1. 돈이 없는 것은 인생의 절반을 잃은 것이고, 용기가 없는 것은 인생의 전부를 잃은 것이다.

2. 영웅의 첫발은 용기를 갖는 일이다.

3. 배가 고플 때는 노래를 하고, 상처를 입었을 때는 웃어라.

4. 올바른 자는 자기 욕망을 조종하지만, 올바르지 않은 자는 욕망에 조종당한다.

5. 아무 방법도 없을 때, 오직 한 가지 방법은 용기를 갖는 일이다.

6. 지나치게 후회하지 마라. 그것이 기꺼이 옳은 일에 나설 용기를 해친다.

7. 진실은 무거운 것이다. 그래서 젊은 사람들밖에는 운반할 수가 없다.

8. 당신에게 그 일을 맡긴 사람은 언제까지나 그대에게 희망을 걸고 있다.

9. 실패는 경험이고 성공의 어머니다.

10. 혹시 실패를 후회한다 할지라도 경험과 교훈을 얻을 줄 알고 있으므로 가능성을 시도해 보지도 못하고 포기해 버리는 것보다는 낫다.

Chapter 2

결정적인 말의 힘

친절하게 그러나 단호하게

018

친한 사이일수록 예의를 지켜라

서로 친해져 농담을 나눌 수 있는 사이가 되면 자칫 넘어서는 안 될 선을 넘는 경우가 있다.

그러나 그 선을 넘으면 거기에는 위험이 도사리고 있음을 기억하라.

아랍 속담에 '다리가 미끄러지는 것이 혀가 미끄러지는 것보다 낫다'는 말이 있다. 이것은 아무리 친한 사이일지라도 말을 함부로 해서는 안 된다는 사실을 깨우쳐 주는 훌륭한 속담이다.

사람은 감정의 동물이다. 따라서 언제나 같은 상황, 같은 기분일 수는 없다. 그날의 컨디션, 기상 조건, 아침에 일어났을 때의 감정, 아내와의 사소한 다툼이나 화해 등과 같은 일상적인 사건들에 따라 상태는 바뀔 수 있다.

사람을 소중하게 여긴다면 머릿속에 있는 말을 무심코 뱉어서는 안 된다. 조금 더 말하고 싶은 시점에 멈추는 지혜가 필요하다.

아무리 친한 사이라도 경어로 시작한 대화는 경어로 일관하는 것이 좋다. 직업이나 나이에서 차이가 있는 경우라면 더욱 방심해서는 안 된다.

'요즘 젊은이들은 예의가 없다'는 식의 얘기는 어느 시대에나 있어 왔다. 이런 측면에서 보면 예의란 참으로 지키기 어려워 보인다.

예의에 대한 기준은 사람들의 개성만큼이나 다를 수 있다. 그러나 절대 착각해서 안 될 것은 예의는 조금씩이기는 하지만 확실한 스텝으로 계속 변화한다는 사실이다.

예의에 대한 개념도 조금씩 바뀌어 간다. 문제는 이렇게 변화된 예의 자체를 이해하느냐 못하느냐에 달려 있다.

오랜 관습에서 생겨나 오늘날에는 별로 중요하게 받아들여지지 않는 예절 등은 굳이 신경 쓸 필요가 없다. 예의라는 것은 정해진 틀이나 한계가 없기 때문이다.

그러나 오늘날 통념적으로 받아들여지는 예의를 무시해서는 안 된다. 예의와 절도를 지키는 것만이 오랫동안 친구를 주변에 머무르게 하는 비결이기 때문이다.

예의를 잃었을 때 친구는 당신 곁을 떠나게 된다는 사실을 기억하라. 따라서 항상 예의를 지키는 일에 소홀함이 없도록 하라.

Think week

진정한 친구는 가장 큰 축복이다. 그러나 우리는 진정한 친구를 얻기 위해 적은 노력을 기울인다.

말 한 마디가 인생을 결정한다

인맥 관리의 기술은 만남과 헤어짐, 이 두 가지 요소에 따라 결정된다.

최전방에서 손님들을 상대한다는 측면에서 음식점은 가장 세속적인 곳이라 할 수 있다.

"처음에 말이 있었고, 마지막에 말이 있었다."

이 표현은 요식업에 종사하는 손님과의 접점을 의미한다. 사람과의 교제나 접대에서는 만남과 헤어짐이 지극히 중요한 위력을 발휘한다.

서비스업을 예로 살펴보자. 디스코텍, 클럽 등에서 종업원을 교육할 때는 반드시 이 '첫 마디'와 '마지막 말'에 중점을 둔다. 서비스업에서는 일반 음식점에서 손님을 맞을 때

쓰는 "어서 오세요"라는 기본적인 인사말뿐만 아니라 좀더 적극적인 표현을 사용한다. 예컨대 고객의 팔을 붙잡고 늘어지며 "어머, 반가워요, 왜 이제 오셨어요? 얼마나 기다렸는지 아세요?"라며 적극적으로 친근감을 표현한다.

이러한 제스처를 천하다거나 억지스럽다고 비아냥거리는 사람은 인맥 관리의 기술을 잘 모르는 사람이다.

이때 그 행위 자체는 진실이 담겨 있어야 한다. 마음으로부터 우러나오는 행동이 아니면 손님에게 감동을 줄 수 없기 때문이다.

손님이 자신이 일하는 가게를 찾아주었다는 사실에 진심으로 감사하고, 목소리나 행동으로 환영의 뜻을 나타낸다면 손님은 말할 수 없는 만족감을 느낄 것이다.

서비스업에 종사하는 사람이라면 누구나 이러한 사실을 잘 알 것이다. 그런데 서비스업 이외의 분야에서는 이것을 잊어버리는 경우가 많다. 오래 장사를 해온 사람일수록 이런 경향이 더 강하다고 할 수 있다.

"최초의 말씀이 있었다."

이 말이 성서에 기록된 문구라는 사실은 잘 알고 있을 것이다. 이 말 그대로 처음 손님이 들어올 때 건네는 몇 마디 말이 모든 상황을 결정한다는 사실을 잊지 마라.

동시에 '최초의 말'이 있었으면 마땅히 마지막에도 말이 있어야 한다는 사실을 기억하라.

사귐에 있어서도 서비스업의 교제술을 참고하라.

 week

말 한마디 덧붙이는 일은 언제든지 가능하지만, 이미 뱉어버린 말을 주워담기란 영원히 불가능하다.

칭찬보다 더 큰 보약은 없다

대부분의 사람들은 상사를 부서의 지도자보다는 무의식적
으로 두려운 존재로 생각한다.

'부하직원들을 이끌고 나가려면 고압적인 자세로 야단을
치거나 위협을 가하는 것이 최선의 방법이다'고 생각하는
태도가 비즈니스 세계에 뿌리 깊게 남아 있기 때문이다.

그리고 실제로 고압적인 태도를 취하는 것이 직원 관리 차
원에서는 편할지도 모른다. 모든 직원들과 진지하게 대화를
나누며 상호간에 신뢰가 쌓이기를 기다리기보다는, 자신이
의도한 대로 신속하게 이끌어가는 것이 보다 쉽고 빠를 수
있다.

그러나 실상은 이 방법만큼 잘못된 것은 없다. 위협하거나

큰소리를 치면 당장은 부하직원에게 일을 시킬 수 있다. 그러나 이런 방식으로 일을 처리하면 아무도 당신을 존경하지 않을 뿐만 아니라 당신과 일하는 것을 좋아하지 않게 된다.

그렇다면 최선의 방법에는 무엇이 있을까? 바로 부하직원을 칭찬하는 것이다.

실적을 인정받고 칭찬받으면 사람들은 흐뭇해한다. 그리고 좀더 나은 성과를 올리기 위해 더욱 열심히 일한다. 칭찬이야말로 의욕을 고취시키는 최고의 비결인 것이다.

Think week

사람을 면전에 두고 지나치게 칭찬해서는 안 된다. 누구를 칭찬하고자 할 때는 보이지 않는 곳에서 하라.

021

부하직원이 하는 일에
항상 관심을 기울여라

남을 칭찬하는 것은 절대 강제적으로 이루어져서는 안 된다. 자발적인 마음가짐이 중요하다.

그러므로 굳이 '이제부터 1주일에 한 번씩 누군가를 칭찬하자'고 결심하지는 마라. 최고의 칭찬 방법은 칭찬할 일을 발견했을 때 자연스럽게 하면 된다.

혹시 과장되거나 지나친 칭찬이 역효과를 내는 건 아닐까 걱정할 필요는 없다. 부하직원에게는 아무리 칭찬해도 지나치지 않는다.

부하직원과 마주쳤을 때는 노고의 말 한마디면 충분하다. 또한 사소한 일이라도 실적을 올리면 그 자리에서 바로 평가를 해줌으로써 부하직원에게 관심을 표현하라.

이런 의미에서 상사는 주변 사람들을 항상 따뜻한 눈으로 지켜봐야 한다. 어떠한 상황에서라도 칭찬할 준비를 갖추고 있어야 하기 때문이다.

실제로 이렇게 행동하기란 쉽지 않다. 심지어 상대방에게 칭찬할 만한 구석이 전혀 없는 것처럼 생각될 때도 있다.

그러나 좀더 자세히 살펴보면 누구에게나 적어도 한 가지 장점은 찾을 수 있다는 사실을 발견할 수 있을 것이다.

 week

> 천사의 장점은 결점이 없다는 것이고, 단점은 더 나아갈 수 없다는 것이다. 그런데 인간의 장점은 결점이 있다는 것이다.

말은 하는 것보다
듣는 것이 더 중요하다

"말은 하는 것보다 듣는 것이 더 어렵다."

이 말은 아주 오래 전부터 전해 오는 말인데 시대의 흐름에 따라서 그 어려움은 더욱 심화되고 있다. 그만큼 생존경쟁이 심화되어 조금이라도 자기를 더 내세우지 않으면 살아남을 수 없다는 위기의식이 강해졌기 때문이다.

'화술의 대가'라고 일컬어지는 사람은 있어도 '듣기의 대가'라 불리는 사람은 드물다. 그러나 친밀하고 유익한 교우관계에는 반드시 잘 듣는 사람이 있다.

얼핏 보면 대화는 얘기하는 사람이 주도하는 것처럼 보이지만, 실제로는 듣는 사람이 말하는 사람이 얘기하고자 하는 것을 짐작하고 호응을 해줌으로써 말하는 사람을 격려하고,

대화가 잘 이어질 수 있도록 실마리를 찾아주는 등 성실한 듣기 활동을 하고 있기 때문에 원활한 관계가 유지될 수 있다.

한 화술의 대가가 오랜 대화를 끝낸 뒤 진지한 표정으로 상대방에게 이렇게 말했다.

"당신과 얘기하고 있으면 참으로 즐겁습니다. 언제나 서로의 의견이 일치하니 말입니다. 그리고 당신의 풍부한 학식과 경험에 정말 감동받았습니다."

그러나 사실인즉 상대방은 오랫동안 한마디도 자신의 의견을 말하지 않고 적절한 시점에서 호응을 해주었을 뿐이다.

말하는 사람이 서로 의견을 교환했다고 믿는 것은 상대방이 자신의 이야기를 잘 들어주었기 때문이다.

그러면 무조건 호응만 해주면 되느냐, 물론 그렇지 않다.

말하고 있을 때 상대방이 전혀 반응을 안 보이면 마치 벽과 얘기하는 듯한 느낌을 갖게 돼 금방 흥이 깨져버리지만, 그렇다고 성의 없는 맞장구로 아무 데서나 응수하는 것도 실례다.

똑똑하게 말하는 사람은 상대방이 말하는 것을 열심히 듣고 온몸으로 반응하는 사람을 말한다. 이러한 사람이 많으면 대화가 순조롭게 진행된다.

그리고 문제의 핵심을 찌르는 한마디는 대화에 커다란 활력을 제공한다. 하지만 백마디의 긴 말보다 짧은 한마디가 훨씬 힘이 있고 깊은 이해를 수반한다는 사실을 정작 말하고 있는 당사자는 알지 못한다.

반면 말하는 사람에게 귀를 기울이고, 눈과 얼굴 표정에 이해를 나타내는 사람에게 상대방은 깊은 교감을 느낀다.

교제를 하면서 언제라도 사람들이 자신에게 말을 걸게 하기 위해서는 무엇보다 경청의 힘을 알고 실천해야 한다.

Think week

인간이 세 치 혀로 망한 적은 있어도 귀로 망한 적은 없다는 사실을 기억하라.

023

너무 아는 척하는 것은
스스로를 격하시킨다

어느 조그마한 잡지사에 근무하는 편집장 N씨는 평소 잘
난 체하는 버릇을 가지고 있었다.

확신에 찬 목소리로 얘기를 하며 어떤 문제도 모르는 것이
없다는 듯한 그의 태도는 굳이 설명하지 않아도 언론계에 종
사하는 사람을 연상시켰다.

그런데 웬일인지 사람들은 그가 아무리 잘난 체하며 어려
운 단어나 외국어를 섞어 의견을 내놓아도 별 감흥을 받지
못했다. 결국은 신문이나 잡지의 해설 범위를 넘지 못했기
때문이다.

그의 말은 처음에는 그럴 듯해 보이지만 자세하게 들여다
보면 남의 말을 받아 옮긴 것에 불과했다.

따라서 그가 말을 꺼내면 사람들은 "또 시작이군"이란 표정을 지어 보였다.

대단한 이론이나 지식이 있는 것도 아니면서 무엇이든 알고 있는 듯한 태도를 보이는 것은 위선이라고 할 수 있다.

인간관계에서 따돌림을 당하는 사람은 바로 이런 부류다.

모르는 것을 모른다고 말하는 것은 결코 수치스러운 일이 아니다. 정말로 어리석은 사람들은 허세를 부리며 자신의 어설픈 지식을 자랑한다.

사람에게는 누구나 잘하는 것과 못하는 것이 있다. 못하는 부분이 있는 것은 결코 허물이 아니다.

만약 모르는 것이 있다면 상대방에게 모른다고 솔직하게 말한 뒤 알려달라고 요청하는 것이 최선의 방법이다.

반면 자신이 잘 아는 문제에 대해서는 논리정연하고 깊이 있는 지식을 보여 주도록 한다.

겸손한 자세로 이야기를 풀어나가다가 자신이 잘 아는 분야로 자연스럽게 화제를 연결시키고, 적당한 타이밍에 자신의 의견을 내놓는 것이야말로 현명하고 지혜로운 대화술이자 교제술이다.

현대사회는 지극히 복잡하고 다양한 정보화시대다. 한 사람이 모든 것을 다 알 수는 없다. 따라서 모르는 것은 솔직히 모른다고 말하고 겸손한 자세로 배우지 않는다면 동료들로 부터 신뢰를 얻기 힘들다. 반면 모든 일에서 너무 모른다는 식으로 나가는 것도 바람직하지 않다.

너무 아는 체하는 것도, 너무 모른다고 말하는 것도 인맥을 관리하는 측면에서는 마이너스라는 사실을 기억하라.

 week

겸손은 인생에서 발생할 수 있는 온갖 변화에 대한 마음의 준비를 하게 해주는 유일하고도 진정한 지혜다.

70%는 흉을 보고
30%는 칭찬하라

다른 사람의 흉을 보는 것만큼 재미있는 것도 없다. 어쩌면 그 풍부한 이야기 덕분에 사람들은 오늘도 즐겁게 살아가고 있는지도 모른다.

여러 사람이 한자리에 모이면 반드시 특정 인물에 대한 이야기가 나오게 마련이다. 일반적으로 30퍼센트가 칭찬이라면 70퍼센트는 흉이다.

특히 알코올이 들어가면 상사, 동료, 부하직원 할 것 없이 닥치는 대로 난도질하는 것이 비즈니스맨의 음주 문화다.

그런데 흉을 보는 것이 잘못인가 하면 반드시 그렇다고는 할 수 없다.

매사에 너무 신중하거나 겁이 많은 사람들이 반드시 성공하는 것은 아니다. 사람들은 본능적으로 남을 비난하는 것을 즐기고 남들이 누군가를 비난하는 것을 듣고 싶어 한다.

따라서 여기저기 돌아다니면서 아무 말도 못하고 망설이는 사람은 교제 상대로는 별로 인기가 없다.

상대편과 우리 편을 분명히 결정짓지 못하는 사람은 친구로서 가치가 없기 때문이다.

그러면 흉은 보는 것이 좋은가? 물론 그렇지 않다. 원칙적으로는 남의 흉을 보지 않아야 한다.

역사를 되새겨보면 어느 나라에서나 권력의 서막은 라이벌에 대한 비난이나 중상모략에서 시작된다. 예수나 석가, 공자에 이르기까지 흔히 성인군자라는 사람들 중에 흉을 보지 않은 인물은 없었다. 그것을 조언으로 받아들이느냐, 감정적으로 받아들이느냐 하는 차이가 있을 뿐이다.

말하자면 흉을 보는 것은 인간의 타고난 속성이라고 해도 과언이 아니다. 그 가운데 유도심문을 해도 결코 흉을 보는 데 편승하지 않는 사람은 소심한 적군, 철저한 이기주의자, 허무주의자 중 어느 하나일 것이다.

이런 사람들은 친구로 사귀기에는 부적합하다. 찔러야 피 한방울 나오지 않기 때문이다. 적당히 남의 말을 할 줄 알고, 적당히 그에 편승하는 사람이야말로 가장 인간적이라고 할 수 있다. 혈기왕성하고 패기 넘치는 사람일수록 다른 사람의 흉을 보기에 주저하지 않고, 또 그렇게 생기 있는 사람을 친구로 삼았을 때 유익함이 많다.

문제는 어떻게 '훌륭하게' 흉을 볼 것이냐에 달려 있다. 낮말은 새가 듣고, 밤말은 쥐가 듣는 것이 비즈니스 사회다.

칼날이 언제 어느 때 당신을 향해 겨누어질지 알 수 없다.

따라서 흉을 보되 정감 있고 소극적인 자세를 취하는 것이 좋다.

 week

70%는 욕을 해도 그것을 뒤집을 수 있는 30%의 칭찬을 덧붙이도록 한다.

025

함부로 충고나 조언을 하지 마라

"친구로서 충고하겠는데……."

이렇게 말하고 난 뒤 불그레한 얼굴로 자신의 의견을 말하는 사람이 있다.

이런 사람은 착하고 인간적인 사람임에는 틀림없다. 그러나 결코 사회적으로 성공할 가능성이 있는 사람도 지혜로운 사람도 아니다.

출세한 사람들 가운데 종종 이렇게 말하는 경우가 있다. 그러나 이런 말은 교만이나 자기를 과시하기 위한 제스처일 뿐이다.

옛날 속담에 '충언은 귀에 거슬리고, 양약은 입에 쓰다'는 말이 있다. 이 말이 옳은지, 그른지를 논하자는 것은 아니다. 다만 이것이 진리라는 사실만은 누구도 부정할 수 없을 것이다.

옛날부터 이런 말이 있었다는 것은 뒤집어보면 옛날부터 잘 지켜지지 않았다는 말이기도 하다.

"친구로서 하는 말인데", "자네를 위해서 하는 말인데"라는 말의 이면에는 싸늘한 눈동자가 번뜩이고 있다는 사실을 기억하라.

이 말 속에는 우위에 선 자의 교만이 존재한다. 충고가 자기의 생각처럼 쉽게 열매를 맺지 못하고 오히려 역효과를 불러오는 이유가 바로 여기에 있다.

그러면 진심에서 우러나오는 충고나 비판은 사람들의 마음을 움직일 수 있을까? 거의 불가능하다.

그것조차 대부분 헛수고로 끝나기 쉽다. 왜냐하면 사람들은 모든 것을 스스로 판단하고 결정하는 동물이기 때문이다.

'친구를 위해서'라는 순수함이 쉽게 받아들여질 것이라고 생각하는 것은 당신이 아직 어리고 경험이 부족하기 때문이다.

충고나 조언을 하려면 끝까지 그를 염려해 줄 각오와 준비가 되어 있어야 한다. 그렇지 않으면 그것은 일종의 비평으로 끝나고 만다. 비평은 비난의 변형이라 해도 과언이 아니다.

이 세상에 비난을 받아서 기분 좋은 사람은 아무도 없다. 상대방이 자신의 순수한 마음을 이해하지 못하고 "무슨 소리를 하는 거야"라고 단 한차례라도 반발한다면 그 관계는 그것으로 깨져 버린다.

허상 속에서 진정한 이해를 찾아내고, 거기서 소중한 인간적 고리를 만들어가는 것이 진정한 교제술이다.

만약 믿음을 상대방의 가슴속에 심어 두는 교제만이 진정한 사귐이라고 생각한다면 당신은 구제할 수 없는 로맨티시스트다.

관계를 계속 발전시키고 싶다면 충고나 조언은 깊은 생각을 한 뒤 절도 있게 하라.

⊙ 말에 관한 격언

1. 어진 사람은 자기 눈으로 직접 본 것을 남에게 말하고, 어리석은 사람은 자기 눈으로 못 보고 들은 것을 이야기한다.

2. 현명한 말은 현명한 행동보다 못하다.

3. 급하게 말하는 사람은 급하게 잘못을 저지른다.

4. 자기 자랑을 늘어놓는 것이 남을 헐뜯는 것보다 낫다.

5. 현명한 사람은 자기가 무슨 말을 하고 있는지를 알고 있으며, 어리석은 사람은 자기가 지껄이고 있다는 사실만 안다.

6. 어리석은 자가 자신의 어리석음을 감추기는 쉽다. 입을 꼭 다물고 있으면 된다.

7. 영혼도 휴식이 필요하기 때문에 인간이 잠을 자는 것이다. 입에도 휴식을 주고 남의 말에 귀를 기울여라.

8. 물고기의 입이 낚싯바늘에 걸리듯 인간도 입으로 걸려든다.

9. 거짓말쟁이가 받는 가장 큰 벌은 그 사람이 진실을 말했을 때조차 다른 사람이 믿어 주지 않는 것이다.

Chapter 3

사람을
읽는 기술

관심을 기울여라. 그러면 얻게 될 것이다.

026

행간을 읽으면 사람이 보인다

말이란 의사를 정확하게 전달하기 위한 하나의 도구다. 그렇기 때문에 상대방의 말을 들음으로써 그 사람의 의지나 감정상태를 파악할 수 있다.

보통 말이란 본인에게 의식된 것이 상대방에게 잘 전달되기를 바라는 의지의 표현이다.

그런데 의식의 충동이 일어나 외부 환경의 자극과 조화를 이루기 위해 방어기제가 작동하고, 그것이 감정을 꾸미거나 가공하여 말로 표현되는 일이 많다.

게다가 본심을 나타낸 말이 아니라 그냥 겉치레로 우리에게 전달되는 경우도 많다.

평소 그다지 친하지 않은 사람과 오랜만에 만났을 때 상대가 이렇게 말했다고 가정해 보자.

"다음에 시간 되시면 저희 집에 한번 놀러오세요."

사교적 기능을 띠는 이와 같은 말은 우리 생활 속에서 어렵지 않게 경험할 수 있다.

이때 상대방의 인사말을 진심으로 받아들여 진짜 상대의 집을 방문하면 푸대접을 받을 가능성이 높다.

그들의 마음 한편에 '대수롭지 않은 사람과 만나서 입장이 곤란하다. 빨리 헤어지고 싶다'는 충동이 숨어 있다고 할 수 있다.

이런 자신의 마음이 타인에게 훤히 비추어지는 데 대한 불안과 공포감에서 진심과는 반대로 친절한 말을 하게 된다.

 week

지금 어디로 가고 있는지 모른다면 조심하라.
엉뚱한 곳으로 가고 있는지도 모르니까.

027

표정으로 상대의 마음을 읽어라

마음속 생각은 곧바로 표정으로 나타난다. 따라서 상대가 지금 어떠한 감정 상태인지는 표정으로 판단할 수 있다.

그러나 때로는 표정이나 태도가 가식적으로 표현되는 경우도 적지 않다. 예를 들면 친구에게 최근 근황을 물었을 때 "너무 바빠서……"라고 말한 뒤 얼굴을 찌푸리면서도 어딘가 모르게 별로 싫지 않은 표정을 짓는 경우가 있다.

이때는 자신이 분초를 다툴 정도로 아주 중요한 일을 하고 있다는 사실을 상대방에게 전달하고 싶기 때문이다.

이와는 반대로 자기감정의 움직임을 표정에 조금도 나타내지 않는 포커페이스 poker face 형이 있다.

스포츠 잡지와의 인터뷰에서 어느 프로야구 선수가 "○○

투수는 무표정한 얼굴때문에 그 구질^{球質}을 읽어내기가 어렵다"고 말한 기사를 읽은 적이 있다.

마음의 움직임을 겉으로 드러내지 않으면 도대체 무엇을 생각하고 있는지 파악하기 어려울 뿐 아니라 상대방도 불쾌할 때가 있다.

어느 강연회에서 있었던 일이다. 앞줄에 앉아 있던 주부 몇 명이 내가 말을 할 때마다 고개를 끄덕였다. 그 탓에 강의에 집중하기가 무척 곤란했던 적이 있다.

그런가 하면 텔레비전 프로그램에 방청객으로 참석한 사람들이 초대 손님의 한마디 한마디에 고개를 끄덕이며 반응을 보이는 모습을 볼 수 있다.

이때 초대 손님은 방청객의 이러한 태도가 자신의 말에 경청하는 것으로 받아들여 아주 만족스러운 표정을 짓는다.

하지만 실상은 그렇지만은 않다. 이러한 행위는 상대방에게 자신의 존재를 확인시키고 싶다는 무의식적인 욕구 때문에 나타나는 경우가 많다.

초등학교나 유치원에 다니는 학생 중 성적이 뛰어난 아이들은 선생님의 말에 자주 고개를 끄덕인다고 한다.

이것은 어린아이가 어머니나 선생님에게 긍정적으로 인식되고 귀여움을 받고 싶으며, 영리한 아이라는 증거를 보여

주기 위한 제스처라 할 수 있다.

이러한 사실에 의하면 앞서 언급한 방청객들의 태도는 타인에 의존하려는 마음이 사라지지 않은 채 성장하여 무의식적으로 현재에도 나타나는 행위 중 하나라고 할 수 있다.

Think week

가장 충실한 아부는 무조건 따라 하는 것이 아니라 상대방의 말을 경청하는 것이다.

028

무의식적 행동에서 암시를 풀어라

자신의 의견이 관철되지 않거나 약속 시간이 지났는데도 상대방이 약속 장소에 나타나지 않으면 사람들은 보통 담배를 피우거나 전화를 걸어 초조감을 해소하려고 한다.

또 사람의 마음속에 분노나 증오심이 스며들면 그 대상에 대해 마음속으로 욕을 하거나 한 대 때려 줄 듯한 모습을 보이기도 한다.

인간의 행동은 자신을 에워싸고 있는 주변의 여러가지 자극 등에 대한 방어기제 때문에 나타나기도 한다.

과식으로 고민하다가 병원을 찾아온 환자가 있었다. 이 환자는 하루 세 번의 식사로 배는 채우지만 반복적으로 간식을 먹지 않으면 불안해했다.

그뿐 아니라 빵이나 과자 등을 준비해 놓고 일을 하면서도 끊임없이 먹었다.

이런 다식 행위는 보통 심리적인 작용, 즉 애정 결핍이나 외로움을 해소하기 위해 일어난다. 자신을 둘러싸고 있는 환경에 순순히 적응하지 못하여 여러 다양한 자극에 스트레스를 받는 것이다.

그들의 마음은 이 스트레스를 방어하고 조화를 유지하기 위해 방어기제를 작동시킨다.

이 방어기제는 퇴행현상을 연출하기도 한다. 지금까지 성장 과정에서 가장 안전하고 익숙하며 쾌적한 상태였던 어린 시절로 되돌아가려는 욕구를 보이는 것이다.

낯선 곳으로 이사한 직후라든가 해외여행을 떠났을 때 식욕이 넘치거나 지나치게 공복감을 호소하는 사람들이 있다.

이 경우 대부분은 기존 환경에서 해방된 탓이라고 생각하기 쉽다.

하지만 그중에는 혼자 떠나는 여행의 고독감이 애정 결핍 현상이 되고, 이것이 이상식욕으로 나타나기도 한다.

이와 같이 먹는 행위가 일상적인 것일지라도 외부로부터 받는 스트레스가 무의식적으로 애정 욕구를 자극하여 이루어지는 경우도 있다.

누군가의 정확한 심리상태를 읽고 싶다면 상대방의 행동을 통하여 마음을 읽어 보라. 그러면 자신조차 의식하지 못하거나 행동과는 전혀 무관하다고 생각되는 여러 암시를 해독할 수 있을 것이다.

Think week

자아는 이미 만들어진 완성품이 아니라 끊임없이 행위의 선택을 통해 형성되어 가는 것이다.

029

'절대로'라는 말을 자주 쓰는 사람은 방어벽이 강한 사람이다

과거에는 '인간은 절대로 달에 갈 수 없다'고 생각했다. 그러나 '절대로'라는 말이 깨지고 우주복을 입은 인간이 달을 걷는 모습이 텔레비전 화면에 비친 지도 벌써 오래전 일이다.

'절대로'란 '결코', '단연코'라는 말과 같이 '비교할 것이 없음'을 뜻하는 표현이다.

사람들은 은연중에 일상생활 속에서 '절대로, '단연코'란 단어를 자주 사용한다.

직장에서 "부장님, 이 방법으로는 절대로 성공할 수 없습니다"라며 자연스럽게 '절대로'라는 말을 사용하는 사람이 있다.

일반적으로 '절대로', '단연코'란 단어를 자주 쓰는 사람은 자기애(自己愛) 성향이 강한 경우가 많다.

그 때문에 자신의 잘못을 비난받으면 불안감을 없애기 위해 '단연코 이것 이외에는 방법이 없다'고 스스로를 합리화시킨다.

이와 같이 생각하면 그들이 말하는 '절대로', '단연코'는 "나로서는 이 방법 말고는 다른 좋은 아이디어가 떠오르지 않을 만큼 능력이 없습니다"라고 고백하는 것과 같다.

이들은 자기중심적이고 주관적인 시각으로 아이디어를 낼 수 있을지 몰라도 유연하고 심층적인 사고는 하지 못한다.

이 때문에 상대방의 입장에서 생각할 줄 모르고 자기를 중심으로 모든 일들을 결정하고 판단하는 경향이 있다.

이런 측면에서 그들은 겸손함이 부족한 오만한 인물이라고 할 수 있다.

이와 같은 자기애적이고 방어적인 '절대로'의 활용법 이외에 잘못을 범했을 때는 "이제 절대로 되풀이하지 않겠다"는 사과의 말로 맹세를 하는 경우가 있다.

이때 '절대로'의 의미는 아직 잘못을 되풀이하지 않겠다는 확신이 서 있지 않았음을 자신이 잘 알기 때문에 그것을 감추려는 마음의 작용에서 상대방에게 강한 애정을 전달할 목적으로 사용한 말이다.

　그러나 플레이보이가 당신에게 '절대로'라는 말을 사용했다면 이때는 주의해서 받아들여야 한다.

　당신의 귀에 '절대로'라는 말이 와 닿으면 먼저 '절대로'의 의미가 무슨 뜻인지 잘 파악할 필요가 있다.

 week

신께서 천지창조의 맨 마지막 날에 인간을 만드신 것은 인간의 오만함을 경계하기 위해서였다.

'없었던 것으로 하자'는 말을
자주 쓰는 사람은 대인관계에 문제가 있다

아무리 친한 사이라도 가끔씩 오해나 의견 충돌 때문에 사이가 멀어지는 경우가 있다.

이때 응어리졌던 마음이 채 가라앉지도 않았는데 "이봐, 전에 일은 없던 것으로 하세"라든가 "지금까지 일은 백지로 돌리고 앞으로 잘해 보세"라며 아무일도 없었던 듯 원래 사이로 돌아가자고 하는 사람이 있다.

여전히 상대방에게 안 좋은 감정을 가지고 있으면서도 상대방이 "없었던 것으로 하자"거나 "백지로 돌리자"라고 말하면 안도의 한숨을 내쉬며 그를 호인답고 시원시원한 사람이라고 생각한다.

회사 동료나 친구, 연인이나 부부 사이에서 사소한 의견

차이로 일시적으로 티격태격 싸운 경우 그것을 언제까지고 물고 늘어지면 그 관계는 삐걱거리게 된다.

이때 '없었던 일로 하는 것'은 일시적으로 관계를 회복하는 데는 도움이 될 수 있다.

하지만 이 말을 자주 남발하는 사람은 문제를 일으키기 쉬운 타입이다.

요즘처럼 복잡한 인간관계 속에서 살아가는 현대인은 누구나 크든 작든 타인과의 관계 속에서 갈등을 일으킬 소지를 안고 있다.

서로간의 엇갈린 감정을 회복하는 데에 "없었던 것으로 하자"를 연발하는 사람은 분명히 문제가 있다.

그들은 아무런 생각 없이 이런 말을 남발하며 그런 다음 마치 서로간에 아무 일도 없었다고 믿는다. 실제로 그들은 무거운 마음의 응어리를 떨쳐버리고 유쾌한 기분을 만끽하는 것처럼 보이기도 한다.

그런데 과연 인간이 그렇게 쉽게 마음의 응어리를 씻어 버릴 수 있을까?

정말로 과거에 있었던 문제가 전혀 걸리지 않는다면 "없었던 것으로 하자"라는 말조차도 머릿속에 떠오르지 않을 것이다.

그들 자신이 아직도 과거의 일에 구애를 받고 있기 때문에 이런 말을 하는 것이다.

결국 그들의 말은 상대방이 아니라 스스로를 위한 말이라는 사실을 알 수 있다. 즉 그들은 상대방에 대한 분노나 증오 또는 반감을 마음속 깊은 곳에 품고 있는 것이다.

그 감정을 상대방이 깨닫게 되는 것에 불안이나 공포를 느끼기 때문에 그것을 감추기 위해 "없었던 일로 하자"라는 말을 반복한다.

이것이 거대한 응어리가 되어 언젠가 원망하는 마음으로 폭발하기도 한다.

바람직한 인간관계의 핵심은 서로의 의견 차이를 이해하고 그 차이를 줄여나가는 데 있다.

결과적으로 감정의 엇갈림을 깨끗이 없었던 것으로 하기보다는 서로가 대화로 해결하는 것이 최선의 방법이다.

 week

우리는 모두 약점과 실수투성이다. 그러므로 어리석은 행동을 한 것에 대해 서로 용서해 줘야 한다. 이것이 바로 자연의 제1법칙이다.

031

독백의 심리학

술에 취한 다음날 꼭 혼잣말을 하는 사람들이 있었다. 그들은 술이 깬 다음 자신이 저지른 취중 실언이나 폭언을 만회하려고 혼잣말을 한다.

전날 밤의 일은 조금도 기억하지 못할 정도다. 그런데 대부분의 경우 전날의 일을 부분적이지만 기억할 수 있다.

다만 왜 그런 말을 했을까, 후회하며 자신의 실수를 정정하고 싶어 한다. 이때 바로잡기 위한 노력이 혼잣말로 나타나는 것이다.

보통 소심한 사람이나 후회할 언동을 자주 하는 사람은 혼잣말을 하는 경향이 높다.

그들은 동료나 상사에게 너무 신경을 쓰고 일을 공연히 어렵게 처리하기 때문에 마음속에 후회를 남기는 경우가 많다. 이것이 욕구 불만이 되고 그것을 해소할 목적으로 독백을 하게 된다.

그러나 욕구 불만이 독백으로 나타나는 현상은 반드시 후회 때문만은 아니다.

증오나 분노 때문에 발생한 충동을 마음속 깊이 품고 있거나 그것을 직접적으로 발산할 수 없는 상황일 때에도 혼잣말로 중얼거리게 된다.

사람들은 자신의 실패를 정당화하려는 경향이 있다. 게다가 동료가 있는 곳에서 창피라도 당하면 '그렇게까지 심하게 했어야 했나' 라는 생각에 증오심이나 분노가 치밀어 오르기도 한다.

상사에게 가졌던 증오나 분노의 감정을 직접적으로 나타낼 수 없을 때 보통 독백을 하게 된다. 이 경우 독백이라고 하더라도 대개 타인에게도 정확히 들릴 정도의 소리다.

이러한 행위는 자신의 감정 상태를 독백이라는 수단을 통해 상대에게 알려 동조를 얻기 위한 것이다.

독백을 자주 하는 사람들 중에는 소심하고 타인의 눈길에 지레 겁을 먹는 사람들이 많다.

이것은 한 집단이나 조직 내 화합을 깨뜨리고 스스로에게 욕구 불만을 일으키게 하며 자신감을 잃게 한다.

　이때는 "좋다, 오늘은 끝까지 버텨보겠어", "당황하지 말자"라며 스스로에게 주문을 거는 것이 하나의 방법이 될 수 있다.

 week

자기 잘못을 인정하는 것처럼 마음이 가벼워지는 일은 없다. 또한 자기가 옳다는 것을 인정받으려고 하는 것처럼 마음이 무거운 것도 없다.

"당신한테만 하는 말인데"라고
말하는 사람을 조심하라

"누구에게도 얘기하면 안 돼. 너에게만 하는 말인데"라고 하면서 말을 꺼내는 사람은 또 다른 사람에게도 이런 형태로 비밀을 누설할 가능성이 높다.

좀더 구체적으로 말한다면 어떤 비밀을 누구에게 말하고 싶은 충동을 느꼈기 때문에 그 반작용으로 "누구에게도 말하지 마라"고 얘기하는 것이다.

"자네에게만 말하지만"이라고 사전에 알려주는 점에서 "자네뿐만 아니라 다른 사람한테도 말하고 싶은데"라는 뜻이 내포되어 있다는 사실을 기억하라.

아무도 모르는 어떤 비밀을 가지고 있고, 그것을 가슴속에만 간직하기란 참으로 어려운 일이며, 누군가에게 자신이 알고 있는 비밀을 알리고 싶은 충동이 일어나는 것이 보통 사람의 심리다. 그것은 다음과 같은 세 가지 이유에서다.

첫째, 비밀을 자기 혼자만 간직하기에는 너무 부담스러워 누군가에게 털어놓음으로써 자신의 심적 부담을 덜고 싶기 때문이다.

둘째, 아무도 모르는 비밀을 자기 혼자서 알고 있다는 사실을 상대방에게 자랑하고 싶은 미숙한 마음에서 일어나는 충동 때문이다.

셋째, 아무도 모르는 것을 어느 특정인에게 누설함으로써 심증을 확고히 하고 싶다는 욕구에서 나오는 경우도 있다.

결국 이것들은 그들의 신경증적인 마음이 작용하여 누설해서는 안 된다는 사실을 알면서도 그렇게 하지 않을 수 없게 된다.

만약 그들이 털어놓은 내용이 개인적인 뜬소문 정도라면 그 대상이 된 사람과는 개인적인 관계가 서먹서먹해지는 정도에서 끝날지도 모른다.

그러나 공적인 조직에 소속되어 있는 사람이 기업 내 비밀 사항을 누설하거나 직장에서의 인간관계를 훼손시킬 만한 비밀을 누설했다면 이것은 단순히 개인만의 문제에 그치지 않고 조직의 기반을 뒤흔드는 결과를 초래한다.

조직의 일원으로 이와 같은 무책임한 말을 흘리지 않기 위해서는 우선 스스로 조직의 일원이라는 동일성을 확립해야 한다.

상사가 "절대로 비밀을 누설하지 마라"고 여러 차례 되풀이해서 주의를 주더라도 듣는 사람의 마음속에 동일성이 확립되어 있지 않을 경우 자신이 현실의 엄격한 조직에 소속되어 있다는 의식이 없으므로 상사의 명령을 지키기 어렵다.

조직에 대한 동일성이 확립되어 있는 사람, 즉 사회성이 강한 사람은 어떤 중대한 사항을 상대방에게 알릴 경우 어떤 사람에게 어떠한 영향을 줄 것인가, 서로의 인간관계가 어떻게 변화할 것인가, 조직에 어떤 영향을 미칠 것인가를 충분히 생각한 뒤에 비로소 입에 담는 신중함을 보인다.

따라서 그렇지 않은 사람으로부터의 비밀 정보는 절대로 주의해야 한다.

사회생활을 하다보면 가끔 개인의 사생활이나 미묘한 문제에 대하여 "자네에게만 하는 말인데"라는 말을 듣는 경우가 있다.

이때는 흥미 위주로 듣고 한귀로 흘려버리는 것이 좋다. 때때로 이러한 상황을 연출하여 당신의 인간성을 테스트 받는 경우가 있으니 주의해야 한다.

사회생활을 하다 보면 듣고 싶지 않은 것도 들어야 할 때가 있다. 이런 경우 극비 정보를 자신에게만 가르쳐 주는 상대방의 진의를 읽을 필요가 있다.

Think week

비밀을 들었으면 항상 마음속에 '경고, 주의를 요함'이라는 붉은 딱지를 붙여두어라. 그리고 그 비밀을 털어놓고 싶을 때마다 그 붉은 딱지를 상기하라.

거짓말 뒤에 숨겨진 것

어느 정치가가 "나는 절대로 거짓말을 하지 않는다"라고 말한 적이 있다. 하지만 이것이야말로 새빨간 거짓말이다.

지금까지 살아오면서 단 한 차례도 거짓말을 한 적이 없다고 호언장담하는 사람이 있다면 이런 사람을 의심할 필요가 있다.

거짓말을 하게 되는 이유는 보통 다음 세 가지로 분류할 수 있다.

첫째, 이익을 얻기 위해 처음부터 계획적으로 하는 거짓말이다.

둘째, 허세나 소망에 의한 거짓말이다. 허세에 의한 거짓말은 대부분 열등감을 감추려는 심리작용으로, 상대보다 좀더 좋은 입장에 서고 싶다는 욕구가 발동한 것이다. 소망에 의한 거짓말은 공상을 현실과 일치시키려는 어린아이의 거짓말이 대표적인 예로 가끔 성인들도 이러한 차원에서 거짓말을 한다.

셋째, 위기를 모면하기 위해 일시적인 속임수를 쓰는 경우다. 즉 상대에게 꾸중을 들을 일에 대한 공포에서 벗어나기 위한 거짓말이다.

"자네, 보고서 언제까지 올릴 수 있나?"라고 상사가 재촉할 때 "네, 어제 완성했습니다. 회사에서 시간이 조금 모자라 집에 돌아가 완성했는데, 깜빡 잊고 집에 두고 왔습니다. 내일 꼭 제출하겠습니다. 그래도 되겠습니까?"라며 상황을 모면하기 위해 거짓말을 한다.

모든 거짓말 뒤에는 항상 스스로를 변명하고 합리화하기 위한 어떠한 이유가 따라다닌다.

Think week

잘못을 저지르는 것보다 변명하는 것이 더 나쁘다. 차라리 조용히 자신의 실수를 인정하고 묵묵히 자신의 일을 계속 진행하라.

034

토라졌을 때 상대의
진정한 모습이 나타난다

평소 절친하다고 생각한 친구가 자기에게는 전혀 알리지 않고 다른 친구들과 모임을 가졌다는 얘기를 들었을 때 지나치게 예민하게 반응하는 사람들이 있다.

마치 친구에게 배신당한 것 같기도 하고 소외감이나 처량함, 슬픔이나 질투 등 여러 가지 감정을 경험하며, 끝내는 자기를 이런 감정에까지 몰아넣는 상대방을 원망하게 된다.

상대방을 적극적으로 비난할 때도 있지만 대개의 경우 토라지는 경우가 많다.

아무리 친한 사이라도 모임의 목적이나 성격에 따라서는 연락하지 않을 수도 있다.

그런데 사람들은 회합이나 모임에도 항상 자신을 불러주

어야 하며 그렇지 않을 때는 자신에게 미리 양해를 구하는 것이 당연하다고 생각한다.

평소 가장 친하다고 여겼던 사람으로부터 따돌림받았다고 생각하는 것은 자신이 타인과의 관계에만 관심이 있을 뿐 진정한 마음의 문은 열지 않았기 때문이다.

마음의 문을 닫고 있으면 다른 사람이 그 사람의 마음에 접근할 수가 없다. 이때는 서로간에 대화가 이루어지지 않을 뿐만 아니라 진정한 친구가 될 수도 없다.

이런 상태에선 친구들과 어울리지 못하여 자연스럽게 모임에서 소외되는 경우가 많다.

이때 자신은 마음의 문을 닫고 있으면서 상대방이 그것을 열어주기를 바란다. 즉 상대방이 자신을 감싸주기를 바라는 것이다.

보통 이런 사람들은 친구들 모임에 나가서도 화제의 중심인물이 되고 싶어 하는 자기중심적 인물이라 할 수 있다.

 Think week

좀더 솔직하고 밝은 사람이 되도록 노력하라. 자기 자신이 바로 세상을 보는 창이다.

웃음 뒤에 숨어 있는 **가시를 조심하라**

예의는 바람직한 인간관계를 유지하기 위한 대표적인 방
법이다. 사람과 사람 사이의 만남에 있어서는 서로 지켜야
할 예의범절이 있고 반드시 그것을 지키는 것이 중요하다.

그런데 너무 지나치면 오히려 예의의 범주를 벗어나게 된
다. 즉 '지나친 공손에 의한 무례함'을 저지르게 된다.

포장된 예의는 약간의 기교만 있으면 충분히 발휘할 수 있
지만, 진정한 정신적 예의를 지키려면 정말 많은 노력과 준
비가 필요하다.

지나치다 싶을 정도로 예의를 갖추는 사람들은 보편적으
로 상대방과의 만남에서 머리를 잘 숙이고 한 번으로 끝내도
좋을 인사를 서너 번씩 건네거나 인사하는 시간도 남보다 훨

씬 길다.

또한 대화를 나눌 때도 시종일관 상대에게 경의와 찬사를 보낸다. 초기에는 이런 사람을 상대하면 기분이 좋다. 하지만 몇 차례 만나다 보면 "저 사람은 비굴할 정도로 지나치게 예의를 차려"라며 거리를 두게 된다.

이러한 특징을 가진 사람들은 보통 유아기에 경험한 부모의 엄격한 교육에서 자유롭지 못하기 때문이다.

보통 사람 같으면 아무렇지도 않게 여길 욕구도 그들은 양심이 허락하지 않아 죄책감과 불안감을 갖는다.

 week

동료나 선배들보다 더 잘하려고 너무 애쓰지 마라. 대신 더 나은 자신이 되도록 노력하라.

036

직업의식과 **강박관념**

휴일이나 쉬는 날에도 집에 틀어박혀 아무 하는 일도 없이 안절부절 못하는 사람들이 있다. 이런 답답함을 견디다 못해 친구들과 약속을 잡는다. 이렇게 휴일을 보내다가 월요일에는 일찍 일어나 새로운 기분으로 출근하여 평소의 리듬으로 되돌아간다.

이와 같이 휴일에는 안정을 찾지 못하고 하루 종일 회사 업무나 동료 생각이 머릿속에 꽉 찬 채 월요일을 기다리는 회사원이 많다.

이런 사람들은 일을 좋아한다기보다 '일병'에 걸렸다고 할 수 있다. 그들의 생활을 면밀히 분석해 보면 몇 가지 공통점을 찾을 수가 있다.

첫째, 그들은 근무 시간이 끝나고도 하는 일 없이 사무실에 죽치고 있다. 그러면서 야근하는 동료에게 말을 건네고 차를 마시면서 시간을 보낸다. 그들 대부분 근무 시간이 끝나도 집으로 직행하기에는 아쉽다는 생각을 가지고 있다.

둘째, 그들의 마음 깊은 곳에는 휴일일망정 회사와 관계를 지속하고 싶은 의식이 잠재되어 있다. 휴일에 친구를 회사로 불러내는 일이 있어도 그 친구는 대개의 경우 직장에서 매일 얼굴을 맞대는 동료일 때가 많다.

마지막으로 그들 중에는 휴일은 가정에서 보낸다는 원칙을 세우고 회사 업무는 잊어버린다고 말하는 사람도 있다. 그런데 가족과 보내는 시간도 기껏 공원에 놀러 가는 수준에서 벗어나지 못한다. 즉 인간이 만든 조직이라는 틀에 얽매여 살아갈 수밖에 없는 미숙한 사람들이다.

이러한 현상은 어머니에게 전적으로 의존함으로써 안정을 추구하던 유아기에서 그 원인을 찾을 수 있다.

미분화적인 경향이 강한 그들의 자의식은 불안하기 짝이 없으며, 현실과의 동일성을 획득하지 못한다.

불안을 잘 견디지 못하는 개인은 유아기 때 체험한 의존성과 동일성을 직장 내에도 접목시킨다.

이것은 냉엄한 조직사회에서 조직과 일체화를 꿈꾸며 애

써 마음의 균형을 찾으려는 노력임을 알 수 있다.

이러한 관점에서 보면 휴일에도 차분히 쉬지 못한 채 일에 얽매이는 사람은 얼핏 직업의식이 뛰어난 것처럼 보이지만 실제로는 강박관념의 무의식적인 표출임을 알 수 있다.

 week

자신의 마음이 움직이는 대로 행동하고 원하는 일을 한다면 일과 놀이의 구분은 사라질 것이다.

◉ 인간의 본질에 관한 격언

1. 인간을 평가하는 데는 세 가지 기준이 잇다. 첫째는 돈 쓰는 법, 둘째는 술 마시는 법, 셋째는 인내심을 보면 알 수 있다.

2. 명성을 얻기 위해 달리는 자는 명성을 따라잡지 못한다. 그러나 명성으로부터 도망치려는 자는 명성에 붙잡힌다.

3. 사람을 알려면 그의 지갑과 쾌락 그리고 불평을 보라.

4. 자기 자랑을 늘어놓는 것이 남을 헐뜯는 것보다 낫다.

5. 장미꽃은 가시와 가시 사이에서 피어난다.

6. 나무는 열매로 평가되고, 사람은 그가 평생에 걸쳐 이룬 업적에 의해 평가된다.

7. 함께 먹이를 먹고 있는 고양이와 개는 먹는 동안에는 싸우지 않는다.

8. 현명한 사람은 상대방을 현명하게 만들지만, 어리석은 사람은 상대방을 어리석게 만든다.

9. 사람을 대하는 가장 좋은 방법은 랍비처럼 존경하고 도둑처럼 의심하는 것이다.

Chapter 4

인재 경영의 법칙

사람을 얻어 운명에서 성공하라.

037

경영의 제1법칙은 먼저 주는 데 있다

모든 사업은 결국 최대한 이익을 창출하고 경비를 최소로 줄이는 것으로 귀결된다. 그리고 이익과 경비는 상대방과 자신의 욕망을 어떻게 조절하느냐에 따라 언제든지 바뀔 수가 있다.

인간에게는 누구에게나 이렇게 하고 싶다, 저렇게 되고 싶다는 욕망이 있다. 인간은 그 욕망의 강도에 따라 움직인다. 그래서 어떤 사람은 큰 사업체를 경영하고, 또 다른 사람은 작지만 화목한 가정을 이룬다.

그러나 욕망을 실현하기 위해서는 거기에 상응하는 투자가 뒤따라야 한다. 큰 사업을 하기 위해서는 많은 배려가 뒤따라야 하고, 아늑한 가정을 갖기 위해서는 세심하고 알뜰한

배려가 뒤따라야 한다.

인간은 욕망과 주머니 사정에 따라 행동이 달라진다. 월급날이 가까워지면 택시 손님이 줄어들고 술집도 한산해진다. 바로 주머니가 비어 있기 때문이다.

모든 장사는 상대방의 욕망과 주머니 사정을 어떻게 조절하느냐에 따라 성패가 결정된다.

고객의 욕구를 간파하고 고객을 만족시킴으로써 생기는 것이 이익이다. 고객이 만족하고 이득을 보았다고 생각할 때 결국 이익을 창출하게 된다.

따라서 매출액을 높이고 싶다면 가장 먼저 고려해야 할 것은 고객의 욕구다. 반면 경비는 자신의 욕망을 충족시키는 정도에 달려 있다. 하고 싶은 것이 많을수록 경비는 그만큼 늘어날 수밖에 없다.

모 사장은 택시를 타고 귀가할 때 자기 집 가까이에서 미터기에 1,800원이 표시되면 바로 택시에서 내린다고 한다. 100원이라는 잔돈을 아끼기 위해서다.

자신의 욕망을 억제하고 단돈 100원이라도 아낀다는 정신이 바로 성공으로 가는 열쇠다.

사업가의 1차 목표는 돈을 버는 데 있다. 그러나 이 목표는 매출을 늘리는 것과 경비를 줄인다고 하는 두 가지 측면

이 충족되지 않으면 결코 성공할 수 없다.

제품을 사용한 다음 회사를 방문해 보면 그 회사의 미래를 어느 정도 예견할 수 있다. 훌륭한 제품을 팔면서도 사장실은 낡거나 책상이나 기자재들도 오래된 것을 그대로 사용하는 회사가 있다. 이러한 회사의 미래는 밝다고 할 수 있다.

소비자들의 욕구를 불러일으키고 그들을 만족시키는 데 돈을 아끼지 않는 대신, 경영자 자신의 욕구는 최대한 자제하는 자세야말로 수익을 내는 첫 번째 전제이기 때문이다.

무엇이든 갖고 싶거든 먼저 주어야 한다. 먼저 고객에게 봉사한다는 마음가짐으로 사업에 임하면 결국 수익으로 되돌아온다.

두 욕망을 어떻게 조화시키느냐는 기업 경영뿐만 아니라 인생 경영에도 그대로 적용된다.

 week

성공과 성취를 구별하라. 성공하면 다른 사람들로부터 찬사를 받지만 그것이 우리에게 만족감을 주지는 않는다. 항상 성취를 목적으로 삼고 성공은 잊어라.

038

약점보다는 강점에 집중하라

현대사회는 개성시대다. 누구나 자신의 분야에서 자기만
의 독자적인 개성을 발휘하기를 바란다. 또한 기업이나 조직
도 개성 있는 사람을 원한다.

따라서 성공하고 싶다면 자신만의 개성을 개발할 수 있도
록 부단히 노력해야 한다.

'만능칼'이라는 제품이 있다. 이것은 칼, 포크, 병따개, 손
톱깎이 등 여러 가지 기능이 하나로 구성되어 있는 제품이다.
그런데 자세히 살펴보면 각각의 도구는 내구성이 약해 그다
지 실용적이지 못한 경우가 많다. 결국 만능^{萬能}은 단능^{單能}보다
못한 경우가 많다.

어느 분야에서나 만점이라면 더 말할 것도 없이 좋을 것이

다. 그러나 현실적으로 그것은 불가능하다. 요즘 같은 사회는 모든 분야에 적당히 잘하기보다는 한 분야라도 만능인 사람을 필요로 한다.

학교 성적도 전 과목이 70점인 사람보다는 한두 과목은 50점이더라도 어떤 과목만은 100점을 받는 사람이 장래가 밝다.

결점이 전혀 없는 완벽한 사람보다는 결점은 있지만 두드러진 장점을 가진 사람이 훨씬 성공할 가능성이 높다.

인간은 누구에게나 개성이 있고, 또한 개개인의 강점이 있다. 강점을 살린다는 것은 그 사람의 참된 가치를 발굴하고 개발하는 것이다.

그러나 사람들은 자신의 강점을 찾아 적극적으로 개발해 나가기보다 우선 단점을 찾아 고치려고 하는 소극적인 자세를 취한다.

하지만 이러한 태도를 계속 취하다가는 자칫 단점은 없으되 장점 또한 없는 평범한 사람이 될 가능성이 높다.

당신이 집중해야 할 것은 단점이 아니다. 오히려 당신의 강점이 무엇인지 확실히 포착하고, 이를 신장시키도록 부단히 노력하는 것이 중요하다.

이때 주의해야 할 것은 당신 자신의 적성을 너무 축소시켜 생각해서는 안 된다는 사실이다.

'나는 이것밖에 못한다'는 식으로 너무 비관적으로 생각하지 마라. 먹어 보지 않고서는 그것이 어떤 맛인지는 절대 알 수 없다. 가장 나쁜 것은 먹어 보지도 않고 맛이 없다고 단정해 버리는 태도다.

젊을 때는 '무엇이든 해보리라'는 적극적인 자세로 부딪혀 보는 것이 성공적인 삶을 영위하는 바람직한 태도다.

기회는 끊임없이 시행착오를 겪으며 성장해 가는 과정 속에서 생긴다.

 week

장점을 늘리는 것이 단점을 줄이는 가장 효과적인 방법이다.

신념을 가진 자만이 성공의 씨앗을 뿌릴 수 있다

가난하지만 서로 사랑하고 아껴 주던 남녀가 오랜 교제 끝에 드디어 결혼을 하게 되었다.

첫날밤 남편이 아내에게 물었다.

"당신이 소유하고 싶은 것, 앞으로 하고 싶은 일을 순서대로 이 종이에 적어 주시오."

남편은 사랑하는 아내의 바람이 적힌 종이를 매일 아침 보고 잠자리에 들기 전에 다시 보면서 마음속에 새겼다.

남편은 아내의 희망을 하나씩 하나씩 실현시켜 나갔다.

우리도 마찬가지다. 우리가 원하는 이미지를 마음속으로 그리고 이루고 싶은 상황을 반복해서 그리면서 그것을 실현하기 위해 기도하고 노력하면 언젠가는 이루게 된다.

라틴어 격언 중에 '갖는다고 믿으라. 그러면 결국 갖게 될 것이다'라는 말이 있다. 또 성경에는 '두드려라. 그러면 열릴 것이다' 라는 구절도 있다.

신념이야말로 꿈을 이루게 하는 진정한 원동력이다.

그러나 대부분의 사람들은 그저 막연하게 무엇을 갖고 싶다, 저렇게 되고 싶다고 생각할 뿐 마음의 눈으로 뚜렷하게 그리지는 못하기 때문에 중도에 꿈을 포기하고 만다.

신념이란 잠재의식과 현재의식의 양쪽에 명확하게 부각시킨 영상이다.

무의식적으로 활동하게 하는 암시의 힘, 의지의 힘, 이성의 힘을 총동원한 것이다.

신념은 사람을 움직인다. 그리고 다른 사람에게 커다란 영향을 미친다. 신념을 가지고 "하자!"라고 결의한 사람에게는 반드시 격려해 주고 힘이 되어 주는 사람이 나타난다.

어느 전자 회사 사장은 직원들이 회사에 입사하면 반드시 자기 회사의 경영 이념과 경영 방침을 설명한다. 30분 정도 열정적으로 설명한 다음 갑자기 "문을 열라!"고 지시한다.

그리고는 "지금부터 10분 동안 문을 열어 놓겠으니 내가 말한 내용에 공감하지 않는 사람은 지금 즉시 나가 주시오. 그런 사람과는 함께 일을 할 수 없으니 지금 나가는 것이 본

인을 위해서나 회사를 위해서 득이 될 것이오"라고 말한다.

"우리 회사에 들어온 이상 우리 회사의 경영 이념과 경영 방침에 공감하지 않는 것은 죄악이다"라고 말하는 사장도 있다.

이러한 경영 마인드를 가지고 있는 사람의 주변에는 반드시 유능한 인재가 모이게 마련이다.

이 경영 마인드를 직원 한사람 한사람의 마음속에 각인시킬 수 있다면 회사의 번영은 약속된 것이다.

기억하라! 신념이야말로 모든 소망을 실현시켜 주는 비타민이라는 사실을.

Think week

계획을 세우지 않은 목표는 한낱 꿈에 불과하다. 목표를 달성하려면 우선 계획을 세워라.

040

기회에 강해야 산다

주위를 둘러보면 타이밍에 서툰 사람들이 많다.

중요한 고객과 중인 상사에게 즉시 보고하지 않아도 될 사안을 가지고 들어가는 실수를 범한다. 그런가 하면 상사가 회의에 나가기 전에 결재받아야 할 사항을 보고하지 않고 있다가 상사가 회의를 끝내고 자리에 돌아온 다음에야 뒤늦게 보고하러 가기도 한다.

모든 일은 타이밍이 중요하다. 전화 한통만 미리 해놓아도 될 것인데 그걸 하지 않음으로써 중요한 거래를 놓치고 마는 경우도 있다.

타이밍은 일의 순서와 밀접한 관계가 있다. 특히 비상사태가 발생했을 때는 무엇보다 타이밍이 중요하다.

어느 공장에 불이 났다. 뒤늦게 이 사실을 안 공장장이 허겁지겁 달려왔을 때는 공장 대부분은 이미 타버린 후였다. 관리자들은 2백 명 가까운 사원들을 이끌고 뒤처리를 하고 있었다.

그런데 공장 한쪽은 여전히 불타고 있었다. 바로 옆 건물은 화판 공장이 있어서 언제 불이 번질지 모를 위험한 상태에 있었음에도 거기에서 소화 작업을 하고 있는 사람은 10여 명에 불과했다.

공장장은 깜짝 놀라 즉시 직원들을 모아 진화 작업을 한 결과 가까스로 더 큰 화를 면할 수 있었다.

'인생은 기회'란 말이 있다. 즉 기회를 잘 포착하기 위해서는 타이밍을 잘 맞춰야 한다. 기회가 왔을 때 결정적으로 붙잡겠다는 마음가짐이 없으면 모처럼의 기회마저도 놓쳐버릴 수 있다.

사람을 만날 수 있는 기회가 오면 만나라. 외국에 나갈 기회가 오면 외국에 나가라. 한번 놓쳐 버린 기회는 좀처럼 다시 찾아오지 않는다.

그렇다고 해서 기회를 잡으려고 너무 허둥대면 기대했던 효과에 미치지 못하는 경우가 많다.

모든 일에는 다 때가 있다. 감이 익어 떨어지려면 그만한 시간이 필요한 것과 같다.

　너무 조급하게 서두르면 인스턴트가 되어 버린다. 인스턴트는 결국 일회용으로서의 가치밖에 없다.

　'하늘의 이利, 사람의 이利, 땅의 이利'라는 말이 있다. 준비를 잘하고 차분히 기다리고 있노라면 어느 사이엔가 하늘이 당신을 돕는 시기가 온다.

　열매가 익기를 기다리는 자세야말로 기회를 포착하기 위한 최고의 전술이다.

Think week

기회는 강력한 것이다. 웅덩이에 고기가 조금이라도 있을 것 같다면 그곳에 항상 낚싯바늘을 드리우라. 그러면 고기를 잡을 수 있다.

041

균형을 유지하라

어떤 분야에서 제대로 된 성과를 올리려면 대범함과 세심함이라는 두 개의 눈을 동시에 가지고 있어야 한다.

멀리서 전체를 보는 망원경과 세부적인 것까지 놓치지 않는 현미경, 대담하게 밀고 나가는 용기와 세심한 주의, 이 두 개의 렌즈가 클로즈업될 때 비로소 원하는 것을 성취할 수 있다.

젊은 사람들은 모여서 의논하기를 좋아한다. '아이디어를 내라!'고 하면 모여서 여러 가지 지혜를 짜낸다. 그러나 그 것을 구체적으로 실행하라고 하면 난감해한다.

그러나 아이디어만 존재하고 구체적 실행력이 따르지 않으면 무용지물이다.

전쟁에서 승리하기 위해서는 사령부의 현명한 지휘 아래 병사들이 목숨을 아끼지 않고 전쟁터에 뛰어들어 싸워야 한다. 또 작전 뒤에는 밤낮을 가리지 않고 적의 동태를 살피는 척후병의 활동과 제때에 물자를 보급하는 병참부대의 지원이 선행되어야 한다.

맛있는 음식을 먹는 것은 누구에게나 즐거운 일이다. 그러나 먹을 만한 음식이 식탁에 오르기까지는 고기나 야채를 씻고 썰며 불에 굽고 볶아 조리해서 깨끗이 차려 놓는 대단한 노력이 숨어 있다.

일 처리 또한 마찬가지다. 어떤 목적을 달성하는 과정에는 그 준비 단계에서부터 부차적인 작업을 거쳐 반드시 마무리라는 작업이 필요하다.

보통 이러한 것이 40퍼센트를 초과하면 능률이 저하된다고 하지만, 30퍼센트 정도의 수고는 필요하다.

어떠한 일을 능숙하게 해낼 수 있는 사람, 일에 능숙한 사람이란 이 세부적인 작업을 능률적으로 해내는 사람이자 동시에 세부적인 것을 소홀히 하지 않는 사람을 말한다.

평소 '감각이 뛰어난다'든지 '일을 해내는 요령이 좋다'고 평가받는 사람들이 있다. 이때 감각이나 요령은 세부적인 것을 완벽하게 수행함으로써 생긴다.

뛰어난 예술품을 만들어내는 감각과 요령은 작업 과정에
심혈을 기울이는 예술가의 정성에서 나온다.

대범함과 세심함, 두 가지 안목을 모두 갖출 수 있도록 당
신의 눈을 단련시켜라.

Think week

진정한 행복은 생각하고 말하고 행동하는 것이 일
치할 때 찾아온다.

042
슬럼프에서 벗어나는 법

흐르지 않고 고여 있는 물론 썩게 마련이다.

인간도 마찬가지다. 정체되어 있는 인간은 시대 흐름에 역행하고 결국 퇴출당하고 만다.

다른 사람이 보기에도 한심해 보일 뿐만 아니라 스스로 열등의식을 느끼게 되며, 사회에 아무런 기여도 하지 못한다. 이를 테면 오염된 공기나 물 같은 존재가 되고 만다.

매너리즘이란 바로 이렇게 정체된 상태를 말한다. 슬럼프 또한 순간적인 정체를 말한다.

이러한 슬럼프에서 빠져나오려면 강력한 극복 의지와 희망이 있어야 한다. 언젠가는 벗어나겠지, 하는 막연한 생각만으로는 슬럼프를 극복하기 힘들다.

미용 연구가의 조언에 따르면 목욕탕에 들어갔을 때는 두 번 이상 비누칠을 하고 문지르는 것이 좋다고 한다. 피부가 벗겨져야 새로운 피부가 생겨나기 때문이다.

이와 마찬가지로 매너리즘이나 슬럼프에서 벗어나기 위해서는 낡고 오래된 껍질을 벗겨내야 한다.

그러기 위해서는 첫째, 육체적으로 신선함을 느끼는 일부터 시작한다. 그런 다음 산뜻한 옷으로 갈아입는다. 또 매일 샤워를 한다면 상쾌한 기분을 유지할 수 있다.

둘째, 주위에 있는 물건들을 새로운 것으로 교체하거나 위치나 방향을 바꿔 본다. 사무실에서도 책상의 위치를 바꿔 보고, 그림도 걸어 본다.

셋째, 행동반경과 행동양식을 바꿔 본다. 언제나 똑같은 동료와 함께 불평불만을 안주 삼아 술을 마시면 절대 변화를 가져올 수 없다.

가끔은 혼자 새로운 곳에서 한잔 마셔 본다. 또 집에 돌아올 때 출퇴근길 코스를 바꿔 보기도 하고, 생소한 거리를 걸어보는 것도 좋다.

평소보다 한 시간쯤 일찍 일어나 뒷산을 올라가보거나 조깅을 하거나 가족들과 함께 노래를 불러보는 것도 좋다.

그러나 무엇보다도 좋은 방법은 관심 분야를 바꿔 보는 것이다. 예를 들면 자신이 하고 있는 작업 방식을 바꾸어 보는 것이다. 방식을 바꾸는 데는 모험이 따르지만, 슬럼프에 빠져 허우적거리는 것보다는 나을 것이다.

환경이 달라지면 안목도 달라진다. 어제와는 전혀 다른 사고를 할 수 있다. 신선함이 유연한 사고활동을 촉진하는 것이다.

강한 것과 부드러운 것을 결합시키면 외부 자극에 강해진다. 신념이 강하고 사고력과 감수성이 유연하면 사소한 자극에는 굴복하지 않을 수 있다. 정신적 안정감을 얻게 되기 때문이다.

정신적 안정감이 높은 사람은 쉽사리 슬럼프에 빠지지 않는다. 이런 사람은 스스로 신선한 자극을 만들어내고 변화를 느끼기 때문이다.

 week

저절로 실의에 빠지는 것이 아니다. 실의에 빠지는 데 스스로가 한몫을 한다.

043

하루에 10분,
자신만의 시간을 가져라

인간이란 참으로 고독한 존재다. 혼자서 태어나고 또 혼자서 죽어 간다.

보통 내성적인 사람들은 자주 어울리는 친구가 없거나 혼자 있을 때 고독을 느낀다.

하지만 부하직원이나 협력자, 친구들이 곁에 있어도 고독을 피할 수는 없다. 사업 규모가 커지고 지위와 책임이 무거워질수록 외로움 또한 강렬해진다.

그러나 인간은 모두가 최종적으로는 어떻게 살아가고 또 죽음을 맞이해야 할지를 스스로 생각하고 결단해야 하는 존재다. 고독이란 인간의 근원적인 모습이기 때문이다.

우리는 고독할 때 인생의 의미를 생각하고, 주위 사람들을 생각하며, 삶과 죽음의 의미를 생각하고, 존재와 허무를 생각한다.

깊은 사고가 필요한 형태에는 크게 두 가지가 있다.

첫째, 높은 곳에서 내려다보는 눈, 즉 관찰하는 사고다.

둘째, 냉정하게 사물을 조목조목 따져보는 분석적 사고다. 즉 문제에 몰두하는 연구하는 자세다.

당신이 추구하는 목적을 마음속에 명확히 그리면서 이 두 방식으로 추진해 가면 사물의 본질, 대상의 중심을 파악할 수가 있다. 이것이 바로 직관이다.

분석과 종합을 거쳐 직관이 가능해지고 계획이 익어 간다. 그리고 이러한 사고 과정은 고독을 통해서 보다 차원을 높일 수 있다.

고독은 신념, 정열, 결단력을 기르는 데도 반드시 필요하다. 고독을 되씹으며 자신을 확인하고 심사숙고한 후에야 신념도 굳어지고 의욕도 용솟음치게 된다.

어느 대기업 사장은 면접시험에서 대학교를 졸업한 수험자에게 "자살을 생각해 본 적이 있는가?"라고 질문을 던지고 만약 생각해 본 적이 없다고 대답하는 사람은 채용하지 않는다고 한다.

고독한 상태에서 자신의 내면을 지그시 응시하고 있노라

면 여러 가지 의문과 불안에 휩싸이게 된다. 스스로의 능력에 대한 의문이나 사회 현실과 이상과의 괴리를 고민한 나머지 자살하고 싶어질 때도 있다. 또 때로는 절망감에 몸부림칠 때도 있다.

이런 순간이야말로 스스로를 성숙시키는 아주 소중한 기회이다.

따라서 하루 단 10분이라도 스스로를 되돌아볼 시간을 갖는 것은 매우 중요하다.

Think week

근심이 많고 외롭고 불행한 사람들을 치료할 수 있는 최고의 비법은 혼자서 조용히 하늘과 자연과 신을 느낄 수 있는 곳을 찾아가는 것이다.

044

허영심을 경계하라

"부끄럽게 생각하지 않아도 될 것을 부끄럽게 생각하는 것은 허영심 때문이다."

이것은 석가모니의 말이다.

텅 비어 있는 내용을 외견으로 속이려고 하는 것은 허영심에서 비롯된 것이다.

허영심이 강한 사람이나 기업은 항상 세상으로부터 칭찬받을 것만을 생각하지 세상 사람들로부터 칭찬받을 만한 좋은 인간, 좋은 기업이 되려고 노력하지는 않는다.

현대사회를 가리켜 자기 PR 시대라 한다.

제품을 상품화하는 것이 마케팅인데, 여기에는 소비자의 욕구를 간파하고 충족시키는 기술이 요구된다.

아무리 좋은 상품이 될 수 있는 요소를 두루 갖추었더라도 소비자로부터 인정받지 못하면 참된 가치를 발휘하지 못하고 사장되고 만다.

세계 최고 디자이너가 도안한 담뱃갑이라 하더라도 텅 비어 있다면 판매가 잘될 리 없다. 담뱃갑만 사는 사람은 없기 때문이다.

어느 정도의 과장 광고는 애교라는 말이 있지만 그것도 정도의 문제다.

미국 광고계의 내막을 해부한 《허용되는 거짓말》이라는 책이 있다. 이 책에 따르면 세계 최대의 광고대행사 월터 톰프슨 Walter Thompson 사에는 40명의 부사장이 있고 여기에 다시 4명의 이사와 8명의 시니어 부사장이 있으며, 데드베츠 사에는 명예회장, 회장에 이어 2명의 부회장이 있어 사장은 회사 내 서열 다섯 번째라고 한다.

직함에 얽매이게 되면 허울 좋은 권위주의, 원활한 일 진행을 저해하는 공식주의, 파벌을 만들어 서로를 함정에 빠뜨리는 파벌주의 등 조직의 발전을 가로막는 요소들이 뿌리 내리기 쉽다.

인간의 내면에는 자만의 벌레, 허영의 벌레가 서식하고 있다. 때로 자만과 허영심은 자극제가 되어 전진을 독려하기도

하지만, 자칫하면 자기기만의 함정에 빠질 수도 있다.

경영자들 중에도 이 겉치레 때문에 영영 돌이킬 수 없는 파국을 맞이하는 경우가 적지 않다.

내가 아는 한 사장은 회사가 힘들다며 모든 직원들에게 경비 절감을 호소한다. 그러나 사장 자신은 어김없이 외제 고급 승용차로 출퇴근하며 업무를 본다.

"회사가 어려운 것처럼 보이면 자금 융통의 길이 막힌다"는 등 나름대로의 이유가 있을 수 있다. 그러나 세상이 어디 그렇게 어수룩한가.

회사가 어려울 때 사장이 누구보다 먼저 출근하고 가장 마지막에 퇴근하며, 점심시간이 되면 구내식당에서 직원들과 똑같이 줄을 서서 자기 몫을 받으러 가는 자세야말로 직원들의 사기를 높이는 최고의 방법이다.

 week

> 진정한 미덕은 남들보다 높아지려고 하는 사람에게는 결코 머물지 않으며, 겸손하고 낮아지려는 사람에게 머문다.

045

'70점 주의'를 유지하라

비즈니스는 아주 엄숙한 것이다. 일의 결과에는 거짓이란 없기 때문이다.

비즈니스를 할 때는 사실에 근거해서 엄숙하고 정확하게 처리해야 하며 냉정한 자세를 유지해야 실패가 없다.

그런데 일부 경영자 중에는 '엄숙함'이란 단어의 의미를 잘못 생각하고, 직원들을 너무 엄격하게 평가하고 비판하려는 사람들이 있다.

그들은 솔선수범한다는 생각으로 매일 현장을 돌면서 기름투성이가 되어 직원들의 사소한 잘못까지 찾아내 지적하기도 한다.

이러한 행동은 걸레와 행주를 구분하지 못하는 것과 같다.

포용력과 관용이 부족한 상사는 부하직원으로부터 존경받기 힘들다.

경영자로 성공하고 싶다면 항상 매력적인 인간성이 선행되어야 하는데, 그러기 위해서 포용력을 키워야 한다.

포용력은 다음 두 가지로부터 시작된다.

첫째, 사람을 판단할 때 그 사람의 장점을 인정해 준다.

무슨 일이든 선의로 해석해 주려는 마음가짐을 가지고 있다면 관용은 저절로 생겨 난다.

둘째, 현실적으로 완벽한 사람은 없다는 사실을 항상 머릿속에 새겨 둔다.

상대방을 볼 때 '70점 주의'로 평가한다. 모든 사람은 그 사람의 행위 자체로 평가받는데, 현실적으로 100점인 행위란 있을 수 없기 때문이다.

비교적 괜찮은 정도면 최상급이라고 생각하라. 타인에게는 70점 주의, 자신에게는 100점 주의를 취하는 태도야말로 관용 정신의 대전제라 할 수 있다.

하지만 완벽주의만을 고집하는 사람들이 있다. 이들을 분석해 보면 대체로 신경질적이고 결벽증적인데다 작은 것에 지나치게 신경을 쓰는 집착형 성격이 많다.

이런 유형의 사람들은 다른 사람들이 하는 일에 만족하지 못한다. 반대로 자신이 하는 행위에는 예상외로 무신경하고 무자각 증세를 보인다.

이들은 자신 이외에는 아무도 믿지 않기 때문에 아무리 하찮은 일이라도 직접 처리하지 않고서는 마음을 놓지 못한다.

이러한 유형은 숨 쉴 수 있는 마음의 창이 없으므로 스스로도 고통스러워한다.

하지만 사람을 잘 부리는 사람은 실패는 자신의 잘못으로 돌리고, 성공은 상대방에게 돌린다.

Think week

지금까지도 그래 왔고 앞으로도 항상 지키려고 노력하는 결심 한 가지는 바로 소소한 일에 대해 초연해지는 것이다.

046

사람은 이성보다 감정의 동물이다

성공하고 싶다면 인간에 관해, 특히 인간의 마음에 관해 많은 이해가 필요하다.

상대방의 마음을 얻는 것, 즉 인심수람人心收攬의 요령을 터득하고 있느냐의 여부가 성공과 실패를 좌우한다.

그렇다면 인간의 마음을 알고, 그 마음을 사로잡는 가장 좋은 방법은 무엇일까?

가장 먼저 스스로를 돌이켜보고 이를 분석하는 일이다.

이때 스스로 자기 행동을 정확히 분석할 수 없다는 사실에 놀랄 것이다. 무엇보다도 이치에 맞지 않는 자기 행동에 당황스러울 것이다.

당신의 행동이 항상 논리적이었을까? 물론 아니다.

모든 것을 금전으로 계산해서 손해가 될 만한 일은 전혀 하지 않았을까? 아니다.

한 개인을 움직이는 것은 그렇게 단순하지 않다. 훨씬 더 복잡하고 깊은 무엇인가에 의해 조종당한다.

일반적으로 이것을 '감정'이라 부른다. 감정에 대응하는 것이 이성인데, 보통 인간을 지배하는 데 있어 이성이 20퍼센트, 감정이 80퍼센트 정도 차지한다고 할 수 있다.

'빙산의 일각'이라는 표현을 떠올리면 이해하기 쉬울 것이다.

빙산에 비유하면 이성은 수면 위로 나와 있는 부분, 감정은 수면 아래 감추어져 있는 부분으로 비중이 훨씬 높다.

인간은 결코 이성적인 동물이 아니다. 당신이 상대하고 있는 사람은 감정의 동물이고, 편견에 가득 차 있으며, 당치도 않은 욕심을 부릴 뿐만 아니라 자존심과 허영심에 따라 행동한다는 사실을 기억하라.

이러한 인간의 심리를 정확하게 파악하지 못한다면 당신이 기울인 모든 노력은 헛수고가 될 것이다.

아무리 이치에 맞는 말을 늘어놓는다 하더라도 그것만으로는 사람의 마음을 움직일 수 없다.

물론 당신이 한 조직을 이끄는 리더라면 이성적인 판단력이 중요하다.

그러나 아무리 이성적인 목표라 하더라도 감정에 의해 뒷받침된 열의를 불러일으킬 수 없다면 상대는 결코 움직이지 않는다.

마음의 점화는 영혼이 연소될 때 비로소 불타오른다. 자신의 마음이 불타지 않고서는 상대의 마음에 불을 붙일 수가 없다.

이지적이고 이성적이며 냉정하기만 해서는 상대방의 마음에 엔진을 켤 수 없다는 사실을 명심하라.

 week

책임감을 부여하고 상대에 대한 믿음을 보여주는 것만큼 큰 도움은 없다.

047

의지력은 **곧 힘이다**

　사람들은 모든 일을 돈으로 해결하려고 한다. 하지만 돈이 절대로 만능은 아니다. 물론 멸시받을 만큼 천박한 것도 아니다.

　짧은 인생에서 수많은 사람들이 돈 때문에 울고 웃으며 일생을 마감한다.

　현대사회에서는 돈이 없으면 절대 신용을 얻지 못한다. 그렇다고 돈 자체가 신용을 만들어 주는 것은 아니다. 사람들은 도둑질한 돈, 부정하게 축재한 돈에 대해 곱지 않은 눈길을 보낸다.

　100만 원을 모은 사람에게 200만 원을 꾸어 주는 데는 주저하지 않는다. 그 사람이 가지고 있는 돈을 신용하는 것이 아니라 그만한 돈을 모을 수 있었던 의지력을 믿고 높이 평가하는 것이다.

돈을 모으기 위해서는 크게 세 가지, 저축하거나 빌리거나 벌어들이는 방법이 있다.

빌린다는 것은 다른 사람에게 차용하거나 은행에서 융자받는 것이다. 이 방법은 신용으로 만들 수 있는 돈이다.

돈을 버는 것은 자신의 투자와 타인의 자본을 합칠 때 가능하다.

그러나 이 두 개의 토대가 되는 것은 어디까지나 피땀을 흘려서 이룩한 자기 자본이다. 자기 자본 없이 신용만으로는 돈을 빌릴 수도, 불릴 수도 없다.

눈덩이는 굴리면 굴릴수록 기하급수적으로 커진다. 그러나 눈덩이의 뼈대는 자신이 직접 만들어야 한다. 이런 뼈대를 만드는 것이 돈을 불리는 대전제가 된다.

그렇다면 돈을 모으기 위해서는 어떤 방법이 있을까? 거기에는 단 한 가지 방법이 있을 뿐이다.

오랜 세월에 걸쳐 한푼 두푼 늘려가는 방법밖에 없다. 입고 싶은 옷을 입지 않고, 먹고 싶은 음식을 먹지 않으면서 저축한 사람의 의지력과 자제력이라면 어떠한 어려움도 이겨낼 수 있다.

어떤 일이든 시작은 어렵지 않다. 그러나 그 일에 완전히 집중하기란 쉽지 않다. 돈을 저축하는 것도 마찬가지다.

돈을 모으는 과정에서는 여러 가지 장애를 만날 수 있다. 순탄할 때도 있고 고비가 생길 때도 있다.

그러나 어떤 일이 있더라도 일단 결심한 일은 끝까지 밀고 나가라. 머지않아 당신이 원하는 것을 얻게 될 것이다.

 week

인간은 위대한 업적에 의해 변하는 것이 아니라 자신의 의지로 변한다.

048

잘 놀 줄도 아는 사람이 성공한다

정신없이 바쁘게 하루를 보내는 사업가나 유명 인사들이 가장 자주 듣는 질문을 정리하면 다음 세 가지로 요약할 수 있다.

"당신의 건강의 비결은 무엇입니까?"

"혹시 아내가 불만을 토로하지는 않습니까?"

"이렇게 바쁜데 여가 시간은 있으십니까?"

그들이 이런 질문을 받는 것은 휴식을 취하면서 자기관리를 철저히 하기 때문이다.

반면 세상에는 오직 일밖에 모르고, 공부밖에 모르는 사람들이 있다.

또 취미가 무엇이냐고 물으면 일하는 것이 취미라고 대답하는 사람들도 있다. 일반적으로 이러한 유형은 대성하기 어렵다. 오직 일과 공부밖에 모르는 사람들은 우물 안 개구리가 되기 쉽고, 성격 또한 옹졸한 인간이 되기 쉽다.

뿐만 아니라 일만 계속하다가는 건강을 지킬 수 없다. 적당한 휴식이 필요하다.

따라서 휴식 시간을 따로 확보하는 노력이 필요하다. 휴식은 인간에게 크게 세 가지 효과가 있다.

첫째, 타인의 결점이나 약점을 눈감아 줄 포용력을 갖게 되며, 인간에 대한 이해심 또한 넓어진다.

다른 사람의 성공을 시샘하거나 다른 사람을 파멸시켜서라도 성공하고 말겠다는 옹졸한 생각은 하지 않게 된다.

둘째, 참신한 아이디어가 넘치고 사고의 폭이 넓어진다. 즉 다른 각도에서 사물을 볼 수 있게 된다.

왜냐하면 자신과 상관없는 다른 분야의 일들도 객관적인 시각으로 바라볼 여유가 생기기 때문이다.

셋째, 기분전환을 할 수 있다. 사람은 누구나가 슬럼프에 빠질 때가 있고, 컨디션이 좋지 않을 때도 있다.

이때 일중독자는 더 깊은 슬럼프에 빠지지만, 잘 놀 줄 아는 사람은 여기에서 빨리 탈출한다. 감정을 조절하는 방법에 능숙하기 때문이다.

여기서 '잘 놀 줄 아는 사람'이란 목표를 가진 사람을 뜻한다. 뚜렷한 삶의 목표가 있기 때문에 제대로 놀 줄도 아는 것이다.

그릇이 큰 사람이란 놀 때도, 일할 때도 철저하다. 논다는 것도 결국 스스로를 연마하고 마음을 조정하는 한 방법이기 때문이다.

 week

행복을 찾으려는 노력을 멈추어라. 그러면 정말 행복해질 것이다.

049

매일 출근할 직장이
있다는 사실에 감사하라

샐러리맨 중에는 날마다 똑같은 일만을 되풀이하면서 월급날만 기다리는 사람이 있다. 이들은 대체로 자신의 생활에 만족하지 못한다.

회사원 A는 매일 기계적인 일을 반복하는 생활에 싫증이 나자 회사를 옮길 결심을 했다.

주위 친구들이 "어디나 마찬가지야"라고 말하며 극구 말렸지만, 그의 결심을 바꾸지는 못했다. 최종 결정을 하기 전날 그는 자문을 구하러 학교 은사님을 찾아갔다.

마침 그곳에는 학창시절 같은 반 친구였던 B가 와 있었다. B는 당시 누구나가 부러워하는 대기업에 근무하고 있었다.

A가 B에게 말했다.

"너는 좋겠구나! 대기업에 다니니 월급도 많이 받고 보람도 느끼고……."

그러자 B가 말했다.

"나 회사 때려쳤어."

B는 자기 능력을 인정해 주지 않는 상사하고는 단 하루도 일을 할 수 없어 위세 좋게 뛰쳐나왔다고 했다.

그러나 얼마 지나지 않아 B는 쫓기는 마음으로 직장을 찾아 헤매는 신세로 전락하고 말았다.

"이봐 친구, 직장은 대책 없이 그만 두는 게 아닐세. 직장이 없다는 것이 이렇게도 쓸쓸한 것인지는 나도 처음 알았다네."

B가 A에게 건넨 충고의 말이었다.

A는 아무 말도 하지 않고 그냥 집으로 돌아왔다.

어떤 소설가는 이렇게 쓰고 있다.

과거 내가 회사에 근무할 때 사고로 10여 일간 쉬지 않으면 안 될 일이 생겼다. 그러던 어느 날, 전철역 앞을 지나가고 있는데, 그때 마침 근무를 마치고 쏟아져 나오는 샐러리맨들과 마주쳤다. 얼굴은 모두 지쳐 보였지만, 그때 내가 그들에게서 받은 인상은 매일 출근하고 있다는 데서 오는 행복감이었다.

어쩌면 이상적인 직장이란 존재하지 않을지도 모른다.

때로는 파벌을 만들어 암투를 벌이고, 학연과 지연이라는 병폐로 개개인의 능력을 짓밟기도 한다.

그럼에도 불구하고 인생에서 성공한 사람들은 우리와 똑같은 괴로움을 극복해 가며 하루하루를 충실하게 살아낸 사람들이었다.

 week

어떤 일을 한 것에 대한 최고의 보상은 더 많은 일을 할 수 있는 기회다.

인생이란 한편의 드라마

인간의 일생이란 마치 드라마 각본과 같다. 다만 누구나가 자신의 각본은 스스로 써야 하며 연기도 스스로 해야 한다 데 TV 드라마와 차이가 있다.

드라마가 명작이 될지, 평작이 될지 아니면 실패작으로 끝 날지는 전적으로 당신에게 달려 있다.

보통 한 사람에 대한 진정한 평가는 죽은 후에 이루어진 다. 그러나 다른 사람이 당신을 어떻게 평가하는지는 그다지 중요하지 않다.

가장 중요한 것은 당신 스스로 납득할 수 있도록 드라마 각본을 쓰고 연기했느냐다. 당신이 연출한 드라마 속 주인공 은 바로 당신이기 때문이다.

그러나 많은 사람들은 지나치게 주위의 시선을 의식한다.

회사라는 큰 무대에서 평사원이라고 하는 단역밖에 주어지지 않았다 하더라도 자기 나름대로의 주도권을 갖고 살아가는 방법이 있는데도 말이다.

아무리 단역이라도 명연기를 펼치면 관객은 결코 이것을 놓치지 않는다. 가능성을 발견하면 다음 기회에 좀더 중요한 역할을 맡긴다.

천재성을 타고난 배우도 처음부터 큰 역할을 맡은 것은 아니다. 단역도 거치고 수많은 실패를 경험한 후에 주연으로 성장한 것이다.

명배우란 주어진 역할에 최선의 노력을 다해 최고의 연기를 선보인 사람을 가리키는 말이다. 회사 경영에서도 마찬가지다.

회사는 비용 절감cost down형과 신제품 개발development형이 있다.

비용 절감형은 보통 별다른 강점이 없는 중소기업에 많다. 큰 기업에 항상 주도권을 빼앗기므로 대기업의 의도대로 끌려갈 수밖에 없다. 비용을 절감하는 것밖에는 대기업과의 관계를 유지해 나갈 방법이 없는 것이다.

반면 신제품 개발형은 규모는 작을지라도 독자적으로 개

발한 제품이나 기술을 가지고 있어 주위 여건에 쉽게 휘둘리지 않는다.

만약 당신이 성공적인 인생을 살고 싶다면 스스로 각본을 쓰고 주인공을 맡은 인생극장에서 가슴을 펴고 당당하게 자신만의 길을 걸을 수 있어야 한다.

어리석은 사람일수록 자신의 불행을 운명 탓, 팔자 탓으로 돌린다. 그러나 운명이란 한 인간의 의지가 창조해낸 결과에 지나지 않는다.

 week

눈물과 땀은 모두 짜지만, 서로 다른 결과를 낳는다. 눈물은 동정심을 낳지만 땀은 변화를 낳는다.

051

절제의 미학을 터득하라

글을 쓰거나 대화를 할 때 핵심은 자신의 의사를 간단하고 정확하게 표현하는 데 있다. 보고 내용이 길면 결과적으로 요점을 파악하기가 힘들다.

만약 당신이 상사라면 직원들에게 어떤 중요한 문제에 대해 400자 이내로 정리해 오라는 과제를 던져 보라. 평소 과제로 던진 문제를 상세하게 알고 있는 사람조차도 핵심 내용만 요약하기가 쉽지 않을 것이다.

명문가名文家의 문장에는 군더더기가 없다. 버리고 또 버려서 남는 것만으로 구성되었을 때 비로소 문장이 힘을 발휘하며, 의미 있는 답이 된다. 생략이란 내용의 밀도를 높여 주는 응축의 기술이기 때문이다.

비즈니스에서 분석을 할 때도 마찬가지다. 정확한 보고는 분량에 있지 않다. 늘어져 있는 실을 감아 실패를 만들 듯이 간단명료하고 일목요연하게 정리할 수 있어야 한다.

훌륭한 답은 간단명료하다. 반면 길고 복잡한 답은 분명히 어딘가 문제가 있다.

만약 보고서를 길게 작성할 수밖에 없다면 한눈에 내용 전체를 파악할 수 있도록 한 장짜리 개요를 정리해 붙여라.

 week

버리는 기술, 요약하는 기술을 터득했다면 이미 상당한 경지에 올랐다고 할 수 있다.

⊙ 처세에 관한 격언

1. 삼나무처럼 딱딱하고 굽힐 줄 모르는 인간이 아니라 갈대처럼 부드럽고 굽힐 줄 아는 사람이 되어라.

2. 강한 사람이란 자기를 억누를 수 있는 사람과 적을 친구로 만들 수 있는 사람이다.

3. 실패를 두려워하는 마음은 실패하는 것보다 더 나쁘다.

4. 정직하다는 칭찬은 남의 것을 훔칠 능력이 없기 때문에 듣는 칭찬일 뿐이다.

5. 현명한 사람은 배움을 얻으려 하고, 굳센 사람은 자기 자신을 억제하며, 풍부한 사람은 자기 소득에 만족하는 사람이다.

6. 희망은 미래를 자기 것으로 만드는 강력한 무기다. 희망을 버리지 않는 한 인생은 미래의 꼬리를 잡고 있는 것이다.

7. 모욕으로부터 달아나라. 그러나 명예는 좇지 마라.

8. 자신에 대한 평판을 듣고 싶거든 평소 이웃사람들의 소문에 귀를 기울여라.

9. 상대를 물어뜯을 수 없다면 이를 보이지 마라.

Chapter 5

자신을
이기는 지혜

오늘이라는 단 하루를 미래와 바꾸지 마라.

052

현재를 살아라

살면서 반드시 지켜야 할 진리는 그리 많지 않다. 따라서 그 밖의 것에는 신경쓸 필요가 없다.

우리는 이 덧없이 흘러가는 순간 중에 '현재' 밖에 살 수가 없다는 사실을 잊지 마라.

우리에게 남는 것은 지나가 버린 과거와 아직 보지 못한 미래뿐이다.

Think week

우리의 일생은 너무나 짧으며, 우리가 살아가는 지상의 한 귀퉁이 또한 지극히 작다는 사실을 잊지 마라.

053

정신은 맑고 *깨끗하게*

어떤 불운도 단련되고 맑은 정신의 소유자를 인생의 길목
에서 끌어내리지는 못한다. 연극이 아직 끝나지도 않았는데,
배우가 무대에서 내려가는 경우가 없는 것과 같다.

이런 사람은 웃음과 애교를 팔지 않으며 허세를 부리지도
않는다. 또 결코 남에게 의지하지 않으며, 그렇다고 해서 그
들을 피해서 살지도 않는다.

 week

어려운 일을 시작할 때 어떠한 태도를 갖느냐
에 따라 그 성패가 달라진다.

054

망상을 버리고 순간에 살아라

모든 망상을 버려라. 격정의 꼭두각시가 되지 마라. 그리고 모든 일은 바로 지금밖에 없다고 생각하라.

최후의 순간을 항상 생각하라. 다른 사람의 잘못은 그 잘못을 저지른 사람한테 그냥 넘겨 주어라. 그리고 오로지 당신의 일에 집중하라.

Think week

> 과거나 미래에 너무 연연해하면 바로 지금이라는 현실을 잃게 된다. 실제로 가질 수 있는 유일한 시간인 바로 이 순간을 말이다.

055

없다는 것에 대해

없는 것을 달라고 조르거나 소유하려고 들지 마라. 지금 누리고 있는 은혜 가운데 가장 행복한 것만 생각하라.

이것마저 없다면 간절한 소망에 대해 생각해 보라. 이것만 으로도 마땅히 감사할 일이다.

만약 너무 행복한 나머지 자만하여 그 은혜를 잃게 되면 마음의 평화가 무너져 내린다는 사실을 기억하라.

 week

실제로 우리 인생에서 가장 좋은 시기는 우리가 어렵고, 불행하며, 불만족스러울 때 도래한다.

056

상대방의 행위에 대해 생각하라

누군가 당신에게 불합리하게 행동하거든 다음과 같이 생각하라.

'과연 이 사람은 선과 악에 대해 어떤 식으로 생각하고 이런 행동을 하는 걸까?'

행동하기 전에 이 사실만 미리 생각한다면 상대방에 대한 노여움과 당황스러움도 어느새 동정과 연민으로 바뀔 것이다.

Think week

만일 당신의 선과 악에 대한 생각이 상대방보다 뛰어나다면 그를 용서하는 것이 당신의 의무다.

057

감정에 사로잡히지 마라

절대 감정에 사로잡혀 섣부르게 행동하지 마라. 만약 어떤 충동에 쫓기게 되면 먼저 그것이 도리에 맞는지 안 맞는지부터 확인하라.

어떤 생각이 고개를 쳐들기 시작하면 먼저 그것이 과연 신뢰할 수 있는 것인지 아닌지를 확인해 볼 일이다.

 week

> 뒤를 돌아볼 때는 화를 내지 말고 앞을 바라볼 때는 두려워하지 마라. 대신 주의 깊게 주위를 둘러보라.

058

오늘이라는 단 하루를
미래와 바꾸지 마라

오늘 하루를 최대한 활용하라. 내일의 박수갈채를 받으려고 꿈꾸는 자는 미래를 생각하는 사람일지는 모르지만, 오늘 당신이 멸시하는 사람들과 별반 차이가 없다.

요컨대 이런 무리들은 자신이 오래지 않아 사라질 존재라는 사실을 전혀 깨닫지 못하고 있다.

후세 사람들이 당신에 대해 무슨 말을 하고, 어떻게 생각하며, 어떤 평가를 내리든 그것은 중요하지 않다.

오늘을 버리고 내일로 비약하려는 사람은 하루하루를 충실하게 살지 못하는 자다.

이런 식으로 자고나면 또다시 내일을 생각하고, 내일 일어날 일만을 생각하는 사람은 그날 하루를 어떻게 보냈는지에

조차 무심해지며, 그러한 삶을 거듭하다가 어느 날 갑자기 어이없게 일생을 마치게 된다.

오늘이라는 하루를 최대한 활용하며 살아가라. 후회 없는 하루, 보람찬 하루를 살아가는 가운데 당신이 찾는 행복이 찾아올 것이다.

 week

> 몸과 마음이 모두 건강하려면 과거에 대한 후회나 미래에 대한 걱정 없이 지금 이 순간을 현명하고 진지하게 살아야 한다.

059

받아들이는 방법, 놓아주는 방법

받아들일 때는 겸손하고 너그러우며, 놓아줄 때는 미련을 보이지 마라.

우리 주변에는 남의 의견을 무시하고, 가지고 있는 것을 내놓음에 있어 꾸물대고 아까워하는 사람이 많다.

저속한 속인의 울타리에서 빠져나오고 싶다면 한시바삐 이러한 타성에서 벗어나라.

Think week

겸손함, 절제 이 모든 것을 조금씩 맛보는 것은 행복과 건강의 비결이다.

060

잘못을 가르치는 최고의 방법

만약 당신에게 어떤 중요한 사안을 결정할 권리가 있다고 하더라도 결코 그 권리를 즉각적으로 행사하지 마라. 또한 상대방이 어떤 결정을 내릴 때 비록 그 결정이 잘못되었다 하더라도 그 자리에서 꾸짖지 마라.

잘못을 저지른 사람을 책망해 보았자 이미 엎질러진 물이 다. 그보다는 잘못을 저지른 사람을 교정해 주는 것이 좋다. 만약에 그것이 불가능하다면 그때는 잘못 그 자체를 교정하면 된다. 만약 그것마저 불가능하다면 아예 처음부터 비난을 삼가라.

무의미한 일을 반복하는 것처럼 공연한 헛수고도 없다.

'남의 의견을 비난하기는 쉬워도 자기의 의견을 고치기는

어렵다.'

이 격언은 인간의 이러한 특성 때문에 생겨난 것이다. 우리는 쉽게 남의 허물을 나무라지만, 그 허물을 고쳐 주는 일에는 대단히 인색하다.

Think week

쉽게 비난의 말을 하지 마라. 남의 의견을 비난하기는 쉬워도 자기의 의견을 고치기는 어렵다.

061

선한 사람이 되어라

오늘보다는 내일 좀더 선한 인간이 되고자 노력하라. 당신이 원한다면 내일은 오늘보다 좀더 선한 인간이 될 수 있다.

오늘보다도 내일은 좀더 유익한 일을 할 수 있다는 신념은 인간을 끝없는 향상으로 이끈다. 무언가 이루어내고자 하는 신념, 이것이 바로 모든 일을 이루는 시작이자 끝이다.

 week

내일은 좀더 선한 인간이 되겠노라고 선언하라. 그렇게 함으로써 어제보다 좀더 선한 인간으로 다시 태어날 수 있다.

062

사람의 신조를 꿰뚫어 보라

어떤 사람을 만나든 먼저 상대방이 사물에 대해 어떤 판단 기준을 가지고 있는지를 파악하라.

만일 그 사람이 쾌락이나 고통, 명예와 불명예, 삶과 죽음에 대해 그 신조에 따라 무슨 짓을 한다고 해도 놀라거나 분개하지 마라.

그 사람으로서는 그렇게 하는 수밖에 별다른 도리가 없다.

Think week

행복은 미덕이나 기쁨이 아니라 성장이다. 우리는 성장할 때 행복해진다.

063

현명한 사람의 길

무화과나무가 무화과 열매를 달고 있다고 해서 놀랄 사람은 아무도 없다. 세상에서 일어나는 모든 일들이 각자 그 열매를 맺는 것인 만큼 그 사실에 놀랄 일은 아니다.

의사가 환자의 발열에 놀라거나 선장이 바람이 바뀔 때마다 놀라서는 안 될 일이다.

사람은 저마다 자신의 위치에서 지혜를 발휘해야 한다.

 week

죽기 전에 우리는 자신이 어디에서 어디로 그리고 왜 달리는지 알아내려고 노력해야 한다.

064

한걸음 양보한다고
해서 지는 것은 아니다

결심을 바꾸거나 다른 사람의 의견에 따른다고 해서 당신의 자주성이 손상되는 것은 아니다.

의견을 바꾸기도 하는 것은 심사숙고한 뒤 고심 끝에 행해진 행동이기 때문이다. 어렵고 험난한 세상, 수많은 사람들과의 만남으로 하루하루를 넘겨야 하는 우리로서는 양보와 타협은 약방의 감초만큼이나 빼놓을 수 없는 요소라고 할 수가 있다.

사소한 일은 먼저 양보하라. 당신의 의견이 반드시 옳다는 보장은 없다. 당신이 지금 확고부동하게 믿고 있는 논리나 의견도 수정이 불가피할 때가 있다.

지혜로운 사람은 기꺼이 양보할 줄 안다. 양보했다고 그것이 반드시 패배를 의미하는 것이 아님을 알기 때문이다.

양보와 타협을 아는 인간, 그것이 바로 진정한 승리자라 할 수 있다.

Think week

자기 잘못을 인정하는 것처럼 마음이 가벼워 지는 일은 없다. 또한 자기가 옳다는 것을 인정받으려고 하는 것처럼 마음이 무거운 것도 없다.

065

잠이 많은 사람은
어떤 게임에서도 이길 수 없다

좀처럼 잠에서 깨어나지 못할 때는 잠이란 이성이 없는 동물에게도 주어진 하찮은 것이라는 사실을 기억하라.

잠은 소인들이 탐하는 일종의 게으름이다. 평안함을 바라는 마음, 다시 말해서 변화를 바라지 않는 마음을 지닌 무리들이 그 미망에서 깨어나지를 못하는 일종의 자기도취인 셈이다.

 week

잠에서 좀처럼 깨어나지 못하는 인간, 잠이 많은 사람은 결코 인생의 승부에서 승리할 수가 없다.

066

행동의 기본 지침

실수를 줄이고 싶다면 행동하기 전에 항상 스스로에게 다음과 같이 물어라.

'이 행동을 후회하지 않을 것인가?'

이렇게 자신에게 묻는다면 성급한 행동을 못할 것이고, 설령 그렇게 행동한다고 해도 좀더 신중할 수 있다.

 week

반드시 해야 하는 일부터 하라. 그런 다음 할 수 있는 일을 하라. 그러면 불가능하다고 생각했던 것을 해내고 있는 자신을 발견할 수 있을 것이다.

067

하루를 살아가는 지혜

세상 사람들이 머리가 아플 정도로 큰 소리로 마구 울부짖
어대든, 맹수가 몸을 갈가리 찢어버리든 절대 그것에 굴복하
지 마라.

하루하루를 조용히 그리고 조심스럽게 살아가라.

평온한 정신 상태를 유지하면 주위에서 일어나는 일들을
올바르게 평가할 수 있다.

그렇기 때문에 어떤 사건에 직면하더라도 "여러 소문이
꼬리를 물고 있지만, 이것이 바로 그 본질이다"라고 판단할
힘도 생기고, 기회가 있으면 "지금까지 이때를 기다려 왔다"
고 말하면서 즉시 일에 착수할 수도 있다.

지금 당신 눈앞에서 일어나고 있는 모든 일들은 이성과 형

제애를 발휘하는 데 알맞은 재료들이다. 바꾸어 말하면 인류애를 실현하는 데 더없이 좋은 재료다. 우리에게는 자신과 관계가 없는 일은 절대 일어나지 않기 때문이다.

이 세상에서 일어나고 있는 모든 일들은 결코 신기하고 다루기 힘든 것은 아니다. 대부분 예전부터 잘 알고 있는 남을 돌보기를 잘 하는 친구 같은 것이다.

 week

바쁜 시간 속에서도 하루에 한 번은 우리가 가지고 있는 것들에 감사하는 시간을 가져야 한다.

068

자신의 어리석음을 아는 사람

슬기로운 사람이 영리하지 못한 경우가 있는가 하면, 영리하면서도 어리석은 사람이 있다.

슬기롭고 현명하다는 것은 어떤 일을 자기 힘으로 처리할 수 있다고 생각하는 것이 아니라, 실제로 그 일들을 처리할 수 있는 능력을 갖춘 사람을 말한다.

Think week

자신의 어리석음을 알고 있는 사람은 끝내는 슬기로운 사람들 속에 낀다.

069

하루를 경건한
마음으로 정리하라

언제 어느 때 어느 곳에서건 가능한 일이 있다.

바로 하루 일들을 경건한 마음으로 받아들이고, 그날 만나는 사람들에게 예의바르게 행동하며, 그날 보고 들은 것들이 무의미하게 사라지지 않도록 면밀히 검토하는 것, 바로 그것이다.

Think week

> 때로는 기쁨이 미소의 근원이기도 하지만, 때로는 미소가 기쁨의 근원이 되기도 한다. 하루에 몇 번이고 미소 짓는 습관을 가져보자.

070

정신과 **육체**

일을 하거나 휴식을 취할 때는 언제나 마음을 정갈하게 가
다듬고 건강을 유지하도록 노력하라.

차분하고 기품 있는 얼굴은 그 사람의 정신을 나타낸다.
인생의 꼭두각시, 가엾은 피에로가 되지 않기 위해서는 정신
과 육체를 함께 갈고 닦아야 한다.

Think week

우리가 반드시 깨어 있어야만 하는 유일한 시간은 바
로 지금이다.

071

왼손이 필요할 때가 있다

왼손이 비록 오른손에 비해 다방면에 익숙지 못하다고 해도 고삐를 잡는 일에 있어서는 오른손보다 훨씬 뛰어나다. 오랫동안 그 연습만 계속해 왔기 때문이다.

왼손은 그 용도가 한정되어 있지만, 분명 왼손이 아니면 안 될 중요한 일이 있다.

사람 또한 마찬가지다. 여러 방면에 미숙한 사람도 그 사람이 아니면 할 수 없는 일이 있다.

그런데 안타깝게도 우리는 이 사실을 잊어버리고 저 사람은 쓸모가 없다느니, 저 친구는 밥벌레밖에 안 된다느니, 하며 무시하는 경향이 있다.

그리하여 그 사람 같으면 능히 해낼 수 있었을 일을 놓쳐

버리거나 망쳐버리는 것이다.

때로 왼손도 오른손보다 쓸모 있다는 사실을 기억하라.

 week

행복의 한쪽 문이 닫히면 다른 쪽 문이 열린다.
그러나 흔히 우리는 닫혀진 문만 보기 때문에 우리를 위해
열려 있는 문은 보지 못한다.

072

상대방을 비난하기 전에
당신의 허물부터 고쳐라

인간은 혼자서는 살아갈 수 없는 사회적 존재다. 그런 까닭에 상대가 과연 자기를 어떻게 생각하고 평가하는지에 신경을 쓰게 마련이다.

하지만 남의 평가에 신경을 쓰기 이전에 스스로를 평가할 줄 알아야 한다. 결국 자기의 허점을 고친 후에 남이 과연 어떻게 자기를 평가하고 있는지부터 따져야 한다.

 week

> 다른 사람이 칭찬을 하든지 비난을 하든지 개의치 마라. 다만 당신의 감정에 충실하라.

073

행복한 **인생**

당신의 현재 생활이야말로 최고의 수행처다. 인생은 수행의 연속이며, 수행은 일상생활에서 매일매일 닦는 것이다.

수행이라고 하여 굳이 당신과 인연이 없는, 또는 실생활과 동떨어진 곳에서 찾을 필요는 없다.

하루하루를 바르게 인내하면서 살아가는 것이 가장 훌륭한 수행임을 기억하라.

Think week

반드시 해야 하는 일부터 하라. 그런 다음 할 수 있는 일을 하라. 그러면 불가능하다고 생각했던 것을 해내고 있는 자신을 발견할 수 있을 것이다.

⊙ 극기에 관한 격언

1. 모든 경우, 모든 사물에서 무엇인가를 배울 줄 아는 사람이 똑똑한 사람이다.

2. 자기 자신과 싸우는 일이야말로 가장 힘이 드는 싸움이며, 자기 자신에게 이기는 일이야말로 가장 값진 승리다.

3. 지혜가 많은 사람이라도 많은 생각 중에는 하나쯤 실패가 있는 법이다.

4. 언젠가 날기를 배우려는 사람은 우선 서고 걷고 달리고 오르고 춤추는 것을 배워야 한다. 사람은 곧바로 날 수는 없다.

5. 삶은 새로운 것을 받아들일 때만 발전한다.

6. 삶은 신선해야 하고 결코 아는 자가 되지 말고 언제까지나 배우는 자가 되어야 한다.

7. 마음의 문을 닫지 말고 항상 열어두도록 하라.

8. 항상 무엇인가를 듣고, 항상 무엇인가를 생각하며, 항상 무엇인가를 배운다. 이것이 인생의 참된 삶의 방식이다.

9. 아무것도 바라지 않고, 아무것도 배우지 않는 사람은 살 자격이 없다.

Chapter 6

이기는
습관

용기란 자신이 두려워하는 일을 하는 것이다.

074

남에게 도움이 되는
일을 할 때 보답을 받는다

다른 사람이 성장하지 못하도록 막으면 우리 자신도 성장할 수 없다. 이러한 사실에 주의를 기울일 때 우리의 가치는 높아진다.

만약 아무런 대가를 바라지 않고 다른 사람에게 선행을 베풀면 그것만으로도 이미 보답을 받은 것이나 다름없다.

이러한 생각이 단 한순간이라도 머릿속에서 떠나지 않도록 하라.

노력의 대가는 결코 먼 곳에서 구할 수 있는 것이 아니다. 당신이 주위 사람들, 부모형제, 친척을 위해서 했던 행동 가운데 당신도 모르는 사이 대가를 받게 된다.

그런데도 우리는 오직 자신의 목적 달성만을 위해 노력하면서 대가를 기대한다. 그러면서 노력에 비해 보수가 적다며 푸념을 늘어놓는다.

아무런 대가를 바라지 않고 다른 사람들을 도울 수 있을 때 비로소 우리는 훌륭한 사람으로 성장하고 더 행복해진다는 사실을 기억하라.

 week

우리가 다른 사람을 위로한 만큼 위로받으려고 하지 마라. 우리가 다른 사람을 이해해 주는 만큼 이해받으려고 하지 마라.

075

행동과 **목적**

'도대체 이 행동의 목적은 무엇인가?'

어떠한 행동을 할 때 먼저 자신에게 이렇게 물어보라. 이런 과정을 거친다면 무슨 일이든 경솔함과 실수를 줄일 수 있다. 물론 실제로 이렇게 하는 사람은 많지 않다. 그렇기 때문에 뒤에 가서야 후회한다. 후회막급이라는 말이 있다. 일을 저질러놓고 후회해 보았자 이미 때는 늦는다.

Think week

어느 항구를 향해 갈 것인지 생각하지 않고 노를 젓는다면 바람조차 도와주지 않는다.

076

자신을 되돌아보라

다른 사람의 잘못으로 인하여 화가 났을 때에는 혹시 당신 자신에게 잘못이 있는 것은 아닌지 마땅히 돌이켜 보라.

'나 역시 부귀와 쾌락과 명성을 즐기고 있지는 않았는가?'

이렇게 반추하다 보면 노여움도 저절로 수그러들게 마련이다.

그러다 보면 당신의 화를 돋운 상대방이 부득이 그렇게 할 수밖에 달리 방법이 없다는 사실을 알게 될 것이다.

이때 비로소 당신은 그가 과오를 범할 수밖에 없었던 부득이한 사정을 이해하고 그에 대한 분노의 감정을 다스릴 수 있을 것이다.

상대방의 잘못을 거울삼아 자신의 옷깃을 다시 한 번 여미는 것, 이것이야말로 이성을 갖춘 우리 인간이 마땅히 해야 할 도리다. 왜냐하면 인간이란 너나 할 것 없이 언제든지 잘못을 저지를 수 있기 때문이다.

Think week

> 승자는 자기보다 우월한 사람을 보면 존경하고 배울 점을 찾고, 패자는 질투하고 그 사람의 갑옷에 난 구멍을 찾으려고 한다.

077

선한 인간이 되어라

소모적인 논쟁으로 시간을 허비하지 마라. 그보다는 당신 자신이 먼저 선한 인간이 되도록 노력하라.

감각도 따지고 보면 허망하기 짝이 없는 것이다. 굳이 수도승 같은 엄격한 선을 요구하는 것은 아니다. 하루하루 생활 속에서 능히 발견할 수 있는 사소한 선행이면 충분하다.

 week

일단 선한 행위를 발휘할 기회를 가져보라. 그러면 아마도 이제까지의 그 숱한 다툼이 한낱 백일몽이었음을 깨닫게 될 것이다.

성공의 **지름길**

당신의 눈앞에 밝은 미래가 창창하게 펼쳐져 있다. 그런데 언제까지 눈치만 살피고 있을 것인가?

당신이 걸어갈 길을 분명하게 발견했다면 의기양양하게 전진하되 절대 돌아보지 마라.

길이 분명치 않으면 그때는 훌륭한 조언을 기다리며 그곳에서 준비하라.

혹시 어떤 어려움에 부닥치거든 그때는 신중하게 주위를 살피며 계속 전진하라.

이때 항상 정의가 가리키는 방향으로 나아갈 일이다. 정의를 자기편으로 만들 수만 있다면 그것만으로도 크나큰 성공이다.

정의가 가리키는 방향, 그 길만이 오직 성공으로 나아가는 지름길이요, 동시에 모든 인간이 가야 할 길임을 기억하라.

 week

태어난 곳, 현재 살고 있는 곳과 살고 있는 방식은 중요하지 않다. 정말로 관심을 기울여야 할 곳은 우리가 지금까지 살아온 곳에서 무슨 일을 하며 살아왔느냐이다.

079

정신을 높이는 방

세상만물이 변해 가는 모습을 관찰하는 일에 항상 주의를 게을리 하지 마라. 이것이야말로 정신을 고양시키는 가장 좋은 방법이다.

이렇게 되면 타인의 언행이나 생각에 신경쓸 필요가 없어진다. 그저 하루하루 보람되게 보내고, 운명이 안내한 일에 만족하는 것만으로 충분하다.

Think week

성숙한 인간에게 유일한 바람이란 법에 따라 길을 곧바로 걸어가, 이윽고는 신을 따르는 것이다.

080

잘못을 저질렀을 때

상대방이 잘못을 저질렀을 때는 부드럽게 타이르되 어디가 잘못되었는가를 상세히 알려주라.

우리는 보통 누군가 실수를 저지르는 경우 덮어놓고 윽박을 지거나 욕을 하는데, 이렇게 해서는 잘못을 바로잡을 수 없다. 오히려 반발심을 느끼게 하여 그보다 더 큰 과오를 범하게 한다.

 week

우리는 모두 약점과 실수투성이다. 그러므로 어리석은 행동을 한 것에 대해 서로 용서해 줘야 한다.

081

겸허하게 받아들이는 자세

당신에게 어떤 어려운 일이 닥쳐오더라도 그것은 이미 그렇게 되도록 정해져 있었다. 인과因果로 짜인 직물 속에서 당신의 실은 이전부터 그 일과 연결되어 있었다. 결국 그것은 마땅히 일어나야 할 일이 일어난 것뿐이다.

따라서 '왜 내게만 이런 불행이 닥치는가?'라며 한탄만 할 것이 아니라 문제를 해결해 나가는 데 집중하라.

 week

예정되어 있지 않은 일은 절대로 일어나지 않는다. 따라서 이 불행한 사태는 '이미 이렇게 정해져 있었다.'

082

냉정함을 유지하라

자기 존재 의의도 모르고 덮어놓고 행동하는 사람에게 높은 이상이나 인간을 위한 숭고한 사랑이 있을 리 만무하다.

그런 것은 고사하고 자기 한 몸조차 제대로 가누기가 힘들 것이니, 그런 무리에게 이웃이나 사회를 위해 공헌하기를 바라는 것 자체가 어리석은 일이다.

한 마디로 이런 사람은 짐승이나 다름없는 가엾은 존재다.

 week

> 이 세상에서 우리의 사명이 끝났는지 안 끝났는지 판단할 수 있는 방법이 있다. 아직 살아 있다면 그 사명이 끝나지 않은 것이다.

083

쓸데없는 망상을 버려라

당신은 툭하면 하찮은 일로 머리를 쓰는데, 이 모든 것은 부질없는 망상의 산물에 지나지 않는다.

사소한 것에 매달려 아까운 시간을 낭비하지 말고, 좀더 넓은 안목으로 세상을 보라.

우주 만물에 관심을 갖고 영원에 대해 고찰해 보라. 삶의 변화가 그야말로 눈깜짝할 사이에 이루어지는 것을 목격할 수 있을 것이다. 태어나서부터 죽음에 이르기까지의 그 짧은 시간, 게다가 탄생 이전에도 무궁한 시간이 있었고, 죽음의 뒤에도 영원이 찾아온다는 사실을 생각해 보라.

지위나 권력에 대한 미련 없이 최소한의 욕망을 충족하는 것만으로 만족하는 삶이 있다. 이렇게 될 때 망상 따위는 찾아들래야 찾아들 수 없다.

　하루하루 생활에 지나치게 집착하는 것은 결국 자아의 분열만을 초래할 뿐이다.

　생존의 의의, 보다 나은 삶, 영원한 자연의 힘 등과 같이 좀더 넓은 세상으로 시선을 돌려보라.

　그러면 당신이 그동안 얼마나 하찮은 것에 정신없이 매달렸는가를 깨닫게 될 것이다.

 week

　생각을 깊이 하는 사람들이 문제를 효과적으로 해결하는 비결은 "만약 실패하면 어쩌지?"라며 쓸데없이 시간을 낭비하지 않는 것이다.

084

썩은 부분은 **과감히 도려내라**

당신이 끊임없이 변화해 가고 있는 만큼 당신의 어떤 부분은 계속해서 썩어 가고 있다.

당신의 내부에 썩어 가는 부분을 재빨리 발견하여 도려내라. 지금은 비록 썩어 가고 있는 것이 일부분에 지나지 않지만, 그대로 두면 차츰 다른 부분으로 옮겨가 마침내 온몸을 덮칠 것이다.

 week

용기란 자신이 두려워하는 것을 하는 것이다.
따라서 두려움이 없으면 용기도 없다.

085

이성을 잃지 마라

다른 동물과는 달리 어디까지나 이성을 가지고 태어난 인간이라는 사실을 잠시라도 잊지 마라.

이성을 지니고 있다는 것, 그것은 인간이 다른 동물들과 차별되는 중요한 이유다.

이런 이성을 망각하는 것은 인간이 인간이기를 거부하는 것과 다르지 않다.

Think week

어떤 상황에서 어떻게 해야 옳은지를 당신은 잘 알고 있다.
그러나 그것을 행하는 것은 어렵다.

086

자기 생존법

망상을 씻어버리고, 충동을 누르며, 욕정의 불을 끄고, 모든 것을 이성의 지배 아래에 두라. 이것이야말로 가장 강력한 생존법이다.

망상은 온갖 악의 근원이요, 충동은 말초적인 감각만을 자극할 뿐이다. 욕정의 불길을 타오르는 대로 내버려두면 이성을 불태워 맹목적으로 만든다.

 week

> 이 모든 악의 근원을 최소한으로 억제하라. 그것만이 당신을 살아남게 할 것이다.

087

견딜 수 없는 **고통이 오거든**

진정으로 견딜 수 없을 정도의 고통이라면 당신은 살 수 없을 것이다. 만일 지금도 고통이 지속되고 있다면 그것은 당신이 충분히 견딜 수 있기 때문이다.

만약 누군가 상처 입은 고통에 대해서 한탄하고 슬퍼한다면 그대로 내버려두라. 그것이 최상의 방법이다.

 week

자신을 죽일 정도로 엄청난 것이 아닌 이상 고난은 나를 더욱 강하게 만든다.

욕심

기대를 버리면 위험으로부터 도망쳐 나올 수 있다.

지나치게 많은 기대가 문제를 불러일으킨다. 이루어질 가능성이 있는 기대라면 품어 볼 만도 하지만, 문제는 그것이 분수에 맞지 않을 때 발생한다.

그러다 보니 자연히 어긋나버리고, 그때마다 실망만 남게 된다. 그러면서도 정작 자신의 기대가 터무니없는 것이었음을 자각하지 못한다.

물론 기대가 없는 인생이란 있을 수 없다. 기대가 있기에 희망도 있고, 발전도 있다.

문제는 지나치게 높은 기대를 품는 데 있다. 실현 가능성이 없는 기대란 망상과 다르지 않다.

분수에 맞지 않는 기대는 일찌감치 버려라. 그렇게 하면 지나친 기대에서 파생될지도 모르는 위험에서 해방될 수 있다.

우리 주변에 지나친 기대를 품고 조바심을 내다가 몰락한 사람들이 있다. 그들은 모두 지나친 기대와 욕망에 사로잡혀 일을 그르친 사람들이다.

 week

불행한 말을 본 적이 있는가? 아니면 우울한 새를 본 적이 있는가? 말과 새가 불행하지 않은 이유는 다른 말이나 새들에게 잘 보이려고 애쓰지 않기 때문이다.

089

기억해야 할 충고

행복해지고 싶다면 기억해야 할 세 가지 충고가 있다.

첫째, 제멋대로 행동하거나 정의에 반하는 행동을 해서는 안 된다.

이때 외계^{外界}에서 일어나는 모든 우연한 일이나 신의 섭리를 무턱대고 비난해서는 안 된다.

둘째, 만물이 넋을 잉태하는 씨앗 상태에서 영혼의 탄생 과정을 거쳐 최종적으로 영혼을 방기하게 되기까지, 그것들의 진행 과정을 잘 생각해 본다.

셋째, 갑자기 구름 속으로 날아올라 그곳에서 지상에 있는 인간의 모든 활동을 내려다보고 있다고 상상해 본다.

그곳에 만물을 창조한 신적인 존재가 많다는 사실을 알게 되면 우리 인간이 얼마나 하찮은 존재인지 비로소 깨닫게 될 것이다.

그런데도 인간은 자신이 이룬 하찮은 업적을 자랑하며 거들먹거리고 있으니 이 어찌 딱한 일이 아닌가!

Think week

쉰 살이 되었는데도 스무 살 때와 똑같이 세상을 바라본다면 삼십 년 동안 허송세월을 보낸 셈이다.

090

높은 곳에서 **바라보라**

높은 곳에서 한 번 내려다보라. 수많은 사람들과 그들의 불가사의한 의식과 몰아치는 폭풍우 속이나 무풍지대인 바다를 향해 저어나가는 사람들을 그리고 이 세상에 태어나고 살다가 사라져가는 숱한 인생들을.

한 걸음 더 나아가서 생각해 보라. 흘러가버린 과거와 아직 오지 않은 미래 그리고 지금도 여전히 머나먼 미지의 땅에서 영위되고 있는 원시적인 생활에 대한 기록들을.

또한 주변 인물 중 누가 당신의 이름을 기억하고, 누가 당신의 이름을 쉽게 잊어버리는지를.

지금 당장은 당신을 칭송하고 있는 사람도 언제든지 당신에게 돌을 던질 수도 있다.

누군가 당신을 인정해 준다든가, 명예라든가 하는 것은 실제로는 아무런 가치 없는 것들이다.

그런데도 명성을 얻기 위해 혈안이 되어 있으니 어찌 딱하지 않은가.

결국 타인에게 있어 당신의 존재란 아무런 가치도 없다고 할 수 있다.

그러니 이런 무리들에게 당신의 이름이나 업적 따위를 아무리 열심히 주입시킨들 무슨 의미가 있겠는가.

다른 사람들의 칭송이나 명예에 연연해하지 마라. 이 모든 것들은 당신의 죽음과 더불어 이내 종말을 고해 버리고 마는 물거품 같은 것이다.

 Think week

> 불행한 말을 본 적이 있는가? 아니면 우울한 새를 본 적이 있는가? 말과 새가 불행하지 않은 이유는 다른 말이나 새들에게 잘 보이려고 애쓰지 않기 때문이다.

091

힘을 쏟아야 할 것과
무시해야 할 것을 구별하라

에피쿠로스는 다음과 같이 말했다.

"병이 들어도 몸의 고통에 대해서는 한 마디도 입 밖에 내지를 않았다. 문병객과도 그런 이야기는 아예 하지를 않았다. 나는 다만 위대한 자연의 법칙에 대해서만 생각했다. 특히 내가 생각하고 있었던 것은 정신이 여러 가지 육체의 동요에 휩쓸린 경우, 어떻게 냉정함을 유지하여 고유의 선을 계속 추구해 나갈 수 있느냐였다. 나는 결코 의사가 마치 생명의 은인인 것처럼 우쭐대도록 기회를 주지 않았다. 비록 병이 들었다고는 하지만, 일상생활은 평상시와 다름없이 순조롭고 즐거웠다."

지금 당신이 병상에 누워 있거나 고민거리가 있다면 에피쿠로스의 말을 기억하라.

무슨 일이 일어나든 철학을 생각하고, 무지하고 교양 없는 무리들의 부질없는 수다에 귀를 기울이지 마라. 이것이야말로 모든 분야에 통하는 가장 효과적인 방법이다.

오직 눈앞에 주어진 일과 그것을 성취하기 위해 당신이 가지고 있는 자질에만 정신을 쏟아라.

힘을 쏟아야 하는 일과 무시해도 좋을 일을 가려내어 유효 적절하게 정리해 가는 것, 이것이 바로 오늘을 사는 우리가 취해야 할 마땅한 도리다.

정작 쏟아야 할 힘을 엉뚱한 곳에 쏟은 탓에 패가망신한 사람들을 주변에서 수없이 볼 수 있다. 또한 무시해도 좋을 일에 매달려 그것에 온힘을 쏟은 나머지 일생을 헛되이 보내고 만 인물들 또한 수없이 목격했다.

이들과 같은 실수를 반복하고 싶지 않다면 해야 할 일과 해서는 안 되는 일을 가려내는 안목을 길러라.

 week

해야 할 일과 해서는 안 되는 일을 가려내는 안목을 길러라.

092

진리를 찾아가는 길

인간이 죽은 뒤에도 영혼이 계속 살아남는다면 그 영혼은 태곳적부터 대체 이 대기 속에 얼마나 오랫동안 머물러 온 것일까? 장사 지내진 육체는 역시 태곳적부터 이 대지 속에 어떻게 머물러 온 것일까?

육체는 흙 속에서 잠시 휴식한 뒤 변하고 썩어 다른 시체에게 장소를 양보한다.

마찬가지로 대기 속으로 옮겨온 넋도 얼마 후에는 변화와 분해를 통해 우주의 창조적 원리로 되돌아간다. 그리하여 다른 넋을 받아들이는 공간이 생겨나게 된다.

영혼이 사후에도 살아남는 것이라면 아마도 이상과 같은 설명이 그 대답이 될 것이다.

땅 속에 매장당하는 수많은 시체에 덧붙여, 인간이나 다른 동물에게 먹히는 생물도 생각해 볼 수 있다.

이렇듯 잡아먹혀 다른 생물의 뱃속에 매장되는 생물의 수는 얼마나 될까?

그것은 흡수되어 피가 되고, 그 후에는 공기나 불로 변화하여 나중에 오는 것들을 위해 장소를 준비해 둔다.

Think week

자연은 우리에게 진정으로 소중한 것이 무엇인지 알게 해주고 그것에 귀를 기울이도록 해준다.

093

오늘 하루뿐이라는 생각으로 살아라

죽은 뒤의 명성에 대해 늘 생각하며 신경쓰는 사람은 자신을 기억해 주는 자도, 때가 지나면 모든 생명체가 흙으로 돌아가 사라진다는 사실도 알지 못한다.

추억은 때로는 불길처럼 타오르고, 때로는 사그라지면서 마지막으로 한때 번쩍 빛났다가 꺼져 간다.

설령 당신을 알고 있는 사람, 다시 말해서 당신의 명성을 부러워하던 자가 당신이 죽은 뒤에도 언제까지나 살아남아 당신에 대한 것을 기억한다 해도 그것이 대체 무슨 의미가 있을까?

무덤 속에 잠든 당신에게 명성은 아무런 의미도 없으며, 가령 오랫동안 목숨을 부지한다고 하더라도 찬사는 너무나 미미하다.

결국 내일의 명성에 정신을 빼앗기다가는 오늘 자연의 은혜에도 마음을 닫아버리는 결과를 빚을 수가 있다.

Think week

몸과 마음이 모두 건강할 수 있는 비결은 과거에 대한 후회나 미래에 대한 걱정 없이 지금 이 순간을 현명하고 진지하게 사는 것이다.

094

현명한 **인간**

　무한한 시간 가운데 인간에게 할당된 시간은 그리 많지 않다. 그야말로 찰나의 짧은 순간으로 이내 영원 속으로 사라져버린다. 또한 우주의 물질 가운데 인간에게 주어진 것은 아주 일부분에 지나지 않는다.

　우주 전체의 영혼으로부터 우리가 부여받고 있는 부분도 따지고 보면 대단히 작고 하찮은 것이다. 우리는 대지 가운데 지극히 작은 점 위를 기어다니는 딱한 존재에 지나지 않는다.

　이렇게 생각하면 항상 당신의 본성이 명하는 것을 행하고, 우주의 자연력에서 부여받은 것을 참고 견디는 것 이외에는 그 어떤 것도 중요하지 않다.

이처럼 우리 인간에게 있어 가장 중요한 것은 자기에게 주어진 모든 것을 참고 견디면서 오직 본성이 명하는 것을 행할 뿐이다.

week

내면에서 울리는 소리에 좀더 귀를 기울이면
외부의 소리도 더 잘 들을 수 있다.

095

욕망

우리는 간절히 바라는 것을 얻게 되면 행복해질 것이라고
믿는다. 그러나 과연 그럴까?

원하던 것을 다 가져도 만족하지 못할 때가 있다.

왜 그럴까? 우리는 상상 속에서 원하는 것에 대해 그림을
그린다. 그런데 현실은 너무나 초라해서 우리의 환상을 충족
시키는 데 역부족하다.

Think week

> 열린 마음으로 인생을 바라보면 가지지 못해 아쉬워
> 했던 것들이 사실 그토록 원했던 것은 아님을 알
> 게 될 것이다.

⊙ 성공에 관한 격언

1. 남들로 하여금 자기를 칭찬하게 하는 것은 좋으나 자기 스스로
   를 칭찬하는 것은 옳지 않다.

2. 화해를 해야 할 때 먼저 사과하는 사람의 인격이 고양된다.

3. 어리석은 사람을 업신여겨서는 안 된다. 그런 자가 있기 때문에
   당신이 현명해지는 것이다.

4. 당신을 비판하는 친구를 가까이하고, 당신을 칭찬하는 친구는
   멀리하라.

5. 사람들 앞에서 친구를 모욕하기보다는, 차라리 피를 흘리게 하
   는 편이 낫다.

6. 한 손으로 누군가를 밀칠 때는 다른 한 손으로 그 사람을 잡아
   당겨라.

7. 구렁텅이에 빠진 친구를 구하려고 할 때 자기도 흙탕물을 뒤집
   어쓸 각오를 해야 한다.

8. 아내를 고를 때는 한단계 낮춰 고르고, 친구를 고를 때는 한단
   계 올려 선택하라.

Chapter 7

시간 관리의 기술

오직 준비된 자만이 성공할 기회를 얻는다.

096

친구는 제2의 자신이다

친구를 보면 그 사람을 안다는 말이 있듯이 친구만큼 서로에게 많은 영향을 미치는 사람도 없다.

사람을 사귀다 보면 어느 사이엔가 상대방의 사고방식이나 행동까지 닮게 된다.

따라서 친구를 사귈 때는 가능하면 자신의 성격과 반대인 사람과 가까이하는 것이 좋다.

내성적이며 혼자 있기를 좋아하는 사람은 외향적인 사람과 사귀면 자기도 모르는 사이에 행동력이 붙게 된다.

지식이나 사물을 보는 방법, 생각하는 방법에 있어서도 마찬가지다. 다른 업종, 다른 분야 전문가와 사귀는 것이 좋다.

도시 문제 한 가지만 보더라도 산업기술자, 공학자, 생물학자, 생태공학자, 경제학자, 사회학자, 심리학자, 교통전문가, 건축학자 등 다른 분야의 전문가와 협력하지 않으면 문제를 해결할 수 없다.

무용가나 화가처럼 자기 직업과 무관한 사람과 교류를 한다면 그들로부터 많은 것을 배울 수 있다. 자기 분야에서 일가를 이룬 사람은 반드시 눈부시게 빛나는 자기만의 장점을 가지고 있기 때문이다.

또한 전혀 다른 각도에서 사물을 보는 방법을 배울 수 있다. 인간이란 주위 사람을 통해서 교육받고 감화된다. 이러한 의미에서 좋은 친구, 좋은 스승이 없는 사람은 불행하다고 할 수 있다.

그러나 참된 마음의 친구는 찾기가 쉽지 않다.

진정한 친구 관계는 대개 어릴 때 형성되지만, 그렇다고 나이들면 이러한 친구를 사귈 수 없는 것은 아니다.

중소기업을 운영하던 사장이 한때 경영 악화로 힘들어 하고 있었다. 당시 선뜻 거금을 빌려주어 재기하도록 도와준 사람은 오래된 친구들이 아니라 평소 단골이던 술집 여주인이었다.

이처럼 우정이란 지위, 연령, 성별을 초월해서 존재할 수 있다.

'성공하면 참다운 친구는 사귈 수 없다'

이 속담에서 얻을 수 있는 교훈처럼 서로 격려하고 도울 수 있는 친구를 어린 시절부터 만들어 보라.

성공이란 자기 혼자만의 힘으로 이룩되는 것이 아니다. 반드시 진정한 협력자가 필요하다.

Think week

"아니, 너도 그래? 나만 그렇게 생각하는 줄 알았는데"라고 말하는 순간 우정이 샘솟게 된다.

시간 관리 **요령**

시간 관리야말로 당신이 일상생활에서 항상 점검해야 할 가장 중요한 문제다.

모든 인간에게는 남녀노소, 지위고하를 막론하고 24시간이 주어진다.

인생에 성공한 사람들을 자세히 관찰해 보면 반드시 시간의 귀중함을 알고, 자기에게 부여된 시간을 유효적절하게 사용했음을 알 수 있다.

일반적으로 상사는 항상 자신의 시간을 부하직원들에게 빼앗기고 있다고 생각한다. 부하직원은 될 수 있는 한 상사에게 조언을 구하고, 상사가 조금만 한가해 보이면 이것저것 의견을 묻는다.

시간 관리를 소홀히 하면 상사는 자신을 위한 시간을 마련하기 힘들게 된다.

물론 상사는 항상 부하직원들과 충분한 이야기를 나누어야 한다. 대화가 충분하지 못하면 최선을 다해 일을 해도 자기 시간의 몇 배가 되는 부하직원들의 시간을 낭비할 수 있기 때문이다.

이 문제를 해결하는 것이 상급자의 시간을 효과적으로 관리하는 데 핵심 요령이라 하겠다.

경영자나 관리자의 시간과 평직원들의 시간이 동질의 것이 되어서는 안 된다.

급여란 문제 해결능력에 대한 대가이므로 부하직원과 똑같은 일을 해서는 자신의 몸값을 못하게 된다. 따라서 급여에 맞게 보다 높은 생산성을 올려야 한다.

여기에서 문제가 되는 것이 바로 시간의 밀도다. 그러기 위해서 상사는 자리가 높아감에 따라 많은 업무를 부하직원에게 맡겨야 한다.

예전부터 '상사는 노동 시간의 은행가'라 불려왔다. 시간에 이자를 붙여나가기 때문이다.

그러기 위해서는 업무 권한을 이양해서 일을 맡기고 자신은 보다 고차원 업무를 수행해야 한다.

만약 당신이 경영자 또는 관리자라면 직접 처리해야 할 일을 자기 시간의 3분의 1 정도로 잡고, 나머지는 직원들에게 넘기도록 하라.

경영자나 상사들 중에는 어떤 일이든지 자기가 직접 하지 않으면 직성이 풀리지 않는다는 사람들이 있다. 부하직원이 하는 일이 성에 차지 않기 때문이다.

이러한 사람들은 늘상 시간이 없다고 투덜대고, 정말로 자신이 뛰어들어야 할 문제에는 시간을 내지 못해 타이밍을 놓치는 경우가 많다.

 week

> 시간을 내어 다른 사람들을 위해 일하라. 아무리 작은 일이라도, 돈을 위해서가 아니라 그저 기쁜 마음으로 도와라.

098

시간은 돈이다

어느 유명한 작가는 시간에 대해 이렇게 말했다.

"일하는 시간과 가정에서 보내는 시간, 고독의 시간이라는 세 가지 시간을 균형 있게 조절해야 한다."

직장인에게 근무시간은 무엇보다도 능력을 향상시키고 보람을 추구하는 시간이다.

가정에서 보내는 시간은 휴식을 취하거나 가족과 함께 보내는 사적인 시간이다.

고독의 시간이란 자기만의 반성과 계획을 위한 시간이다.

새벽부터 밤늦게까지 일만 하면서 하루하루를 보내는 사람은 얼마 지나지 않아 지쳐버리고 만다.

능률도 오르지 않고, 자신이 지금 어느 위치에 와 있는지도 파악하기 어려워진다.

산더미처럼 쌓인 일을 요령 있게 처리하는 데 있어 가장 중요한 것은 중점주의다.

열 가지 일이 있다고 하자. 효과적으로 일을 처리하기 위해서는 우선순위를 정해 중요한 것부터 처리한다.

경영자는 경영자가 해야 할 일을, 관리자는 관리자가 해야 할 일을 자발적으로 할 일을 순위를 정해 놓고 처리한다.

이렇게 하면 경영자가 청소를 하는 아주머니에게 잔소리를 하거나 관리자가 서류뭉치를 가지고 회사를 뛰어다니지 않아도 된다.

둘째는 자투리 시간, 이를테면 5분이나 10분을 유효적절하게 사용한다. 이때 시간이 돈이라는 생각으로 짜임새 있게 사용해야 한다.

셋째는 집중이다. 가장 머리가 맑을 때 중요한 일을 처리한다.

아침에 일어나 머리가 멍할 때는 간단한 운동을 한다. 머리가 맑아지고 상쾌함을 느끼게 될 것이다. 이때 비로소 일에 능률이 오른다.

인간은 누구에게나 스스로를 돌아볼 시간이 필요하다. 하루 단 10분이라도 좋다. 명상의 시간을 가져보라. 차를 타고 있을 때는 차 안을 '달리는 명상실'이라고 생각하라.

바쁜 일상 속에서도 자기 자신을 생각하고 자신의 인생을 의식할 수 있는 시간을 가져보는 것이 필요하다.

스스로를 객관화시켜 자기 일을 마치 남의 일처럼 거리를 두고 볼 수 있는 시간을 갖는 것은 일에 지배당하지 않고 일을 지배할 수 있는 사람으로 스스로를 승격시키는 훌륭한 방법이다.

사람들은 항상 시간이 남는다고 착각해 아까운 시간을 낭비하고, 아깝다는 생각조차 갖지 않는다.

시간은 곧 돈이다. 이것에 의해 이익을 계산하는 사람들에게 시간은 엄청난 가치를 지닌다.

Think week

자유를 누리려면 시간 관리 전문가가 되어야 한다. 아이러니한 말이지만 이것은 진실이다.

100

숙성

회사란 무조건 노력하고 애쓴다고 해서 발전하는 것은 아니다. 평소에 꾸준히 준비하면 어느 순간 자연스럽게 성장해나가는 것이다. 인생도 이와 비슷하다.

모든 것에는 때가 있다. 무작정 서두른다고 해서 되는 것은 아니다.

자연의 흐름을 보더라도, 이른 봄에는 봉오리가 생기고 봄과 함께 꽃이 핀다. 그리고 이 꽃은 자연현상에 맞추어 열매를 맺는다.

모든 생명체의 생성과 발전에는 그에 상응하는 시간이 걸린다. 때를 기다리면 무리를 하지 않게 된다.

일반적으로 20대에는 학교를 졸업하고 취직한다. 사회에

첫발을 내디딤으로써 새로운 인생을 출발한다. 40대가 되면 관리자로서 실력을 발휘하여 비약하거나 자기 사업을 시작한다. 60대가 되면 정년을 맞이한다. 이때부터 다시 노후의 인생을 새롭게 출발한다.

무릇 젊은 사람들은 10년마다 인생의 획을 긋는다는 생각으로 인내하며 어제보다 한걸음 더 비약하겠다는 마음가짐으로 나아가야 한다.

어떤 외국 방문객이 독일의 젊은 노동자에게 물었다.

"젊은이들은 어른들이 술집이나 레스토랑에서 즐겁게 노는 것을 보면 자기도 그렇게 놀아보고 싶다는 생각이 들지 않는가?"

이 질문에 젊은 노동자가 대답했다.

"우리도 그 나이가 되면 자연히 저렇게 놀 수 있으니 크게 부럽다는 생각은 들지 않습니다."

함께 있던 젊은이들은 모두 이 말에 동조하며 웃었다.

외국 방문객은 이 대답을 듣고 자기 나라 젊은 사람들이 너무 성급하게 무엇을 이루려는 초조감에 사로잡혀 있음을 안타까워했다.

아직 준비가 안 되었는데 미리 취하는 경우 결국 뒤에 가서 아주 비싼 대가를 지불하게 되는 경우가 많다.

암퇘지 새끼를 사다 키운다고 가정해 보자. 열 달이 되면 새끼를 밸 수 있고, 그 후 여섯 달이 지나면 새끼를 낳는다.

물론 여섯 달이나 일곱 달밖에 되지 않는 돼지에게 교배를 시켜도 열 달이 다 된 돼지처럼 새끼를 배고 낳을 수는 있다.

그렇다면 왜 열 달까지 기다려야 하는가? 열 달이 다 되어서 교접시킨 돼지라야 크고 건강한 새끼를 낳을 수 있기 때문이다.

느긋한 마음으로 때를 기다릴 줄 알아야 한다. 모든 준비를 마친 다음 무르익는 '숙성'의 시기를 기다리는 것이다.

인생 또한 마찬가지다. 감나무 아래에서 기회를 붙잡기 위해 노력하는 것도 중요하지만 너무 성급하게 감을 따다가는 익지 않은 떫은 감을 먹게 될 것이다.

Think week

기회는 작업복을 입고 찾아온 일감처럼 보여서 사람들 대부분이 이것을 놓치곤 만다.

101

준비 자세

고양이가 배설을 하려고 마당에 구멍을 팠다. 고양이는 자신이 판 구덩이가 아무래도 불편하리라고 생각해서인지 또 다른 곳을 파서 엉덩이를 약간 내밀었다. 그러나 아무래도 마음이 내키지 않는 모양인지 또 다른 곳을 파기 시작했다.

고양이는 머리가 나빠 구멍의 위치나 구멍을 파는 방법이 잘못된 것이 아니라 자기의 자세가 나쁘다는 것을 깨닫지 못했다.

인간에게도 이와 비슷한 성향이 있다. 길을 잘못 든 것 같은 생각이 든다거나 마음먹은 일이 제대로 되지 않거나 적성에 맞지 않는다는 생각이 들 때, 으레 딴 곳을 쳐다본다. 현실에서 벗어나고 싶은 욕망을 억누르지 못하기 때문이다.

그러나 냉정하게 생각해 보면 대개의 경우 이것은 주변 환경이나 조건이 나쁘기 때문이 아니라 자신의 태도가 잘못되었기 때문이다.

여기서 말하는 태도란 무엇인가에 대한 마음가짐이 밖으로 나타난 상태를 가리킨다. 준비 자세가 제대로 갖춰지지 않을 경우에는 어떤 일을 하더라도 잘될 수가 없다.

준비 자세는 몸과 마음을 긴장시켜 당장 어떠한 명령이 떨어지더라도 다음 동작으로 옮길 수 있는 마음가짐을 나타낸다. 즉 어떠한 일에 대해서든 즉시 반응하려고 하는 태도다.

일을 할 때는 일을 하는 자세가 있고, 놀 때는 노는 자세가 있다. 그렇지 않으면 일을 제대로 해낼 수가 없으며, 제대로 즐길 수도 없다.

인간은 누구나 틀에 박힌 것을 좋아하지 않는다. 그럼에도 불구하고 은행원은 은행원 스타일로, 신문기자는 신문기자 스타일로, 사장은 사장 스타일로 굳어지고 마는 것은 무엇 때문일까?

어떤 일을 하게 되었을 때는 그 일을 하기에 가장 알맞은 태도가 있다.

그것이 저절로 몸에 배이게 되고, 사고방식이나 행동양식까지도 이에 적응하게 된다.

축구를 예로 들어보자. 동작이 좋지 않으면 공이 멀리 날아가지 않는다. 준비 자세가 제대로 갖춰져 있지 않으면서 급격한 동작을 취할 때 사고가 발생한다.

어찌 축구뿐이겠는가. 밤새워 유흥을 즐기다가 눈이 벌겋게 충혈되어 가까스로 출근을 하더라도 일에 집중하기는 힘들다.

기억하라. 당신의 마음가짐에 따라 결과는 천차만별이 된다는 사실을.

 week

오직 준비된 자만이 중요한 것을 관찰할 기회를 잡을 수 있다.

102

사람을 사로잡는 기술

상대가 당신의 마음을 이해하지 못하는 것은 당신의 설득력이 나쁘기 때문이다.

조직생활에서는 똑같은 말을 하더라도 역할에 따라 표현하는 방법이 달라져야 한다.

오케스트라의 연주에 조직생활을 비유한다면 최고경영자는 작곡가에 해당된다.

최고경영자는 목적과 방침을 결정한다. 이것을 구체적으로 실현하도록 관리자가 작사를 하고, 어떻게 연주할 것인가를 방법을 결정한다. 이때 악보에 따라 감독관이 지휘를 맡는다.

직원은 지시에 따라 연주하고 합창한다. 다시 말하면 경영자는 무엇을 할 것인가를 지시하고, 관리자나 감독자는 이를 어떻게 실현할 것인가를 연구해서 발표한다.

여기에서 각자의 수준에 따라 실력을 발휘할 수 있는 기회가 생긴다.

이를테면 경영자가 매달 1천만 원의 경비 절감을 지시했다고 하자. 부장은 자기 부서에서는 어느 정도를 절감할 것인가를 구체적으로 연구해서 발표한다. 감독관은 이것을 다시 검토해서 구체적으로 경비 절감 계획을 세운다.

상급자는 월간 비용과 연간 비용과 같이 전체적인 목표만 설정하면 되지만, 아래로 내려갈수록 물량으로 구체적이고 알기 쉬운 형태로 나타내야 한다.

그러나 일부 관리자들 중에는 최고경영자의 방침이나 명령을 그대로 전달하는 경우가 많다. 이들은 스스로 중간자 역할을 충분히 했다고 생각할지 모르지만 실제로는 그렇지 않다.

현장을 당황하게 하는 명령이나 방침 전달 행위는 아무런 의미가 없기 때문이다.

대화의 목적은 설득에 있다. 평소 설득력이 뛰어나다고 평가받는 사람들은 보통 유도질문에 능하다.

"응, 그래. 그래서 자네는 어떻게 생각하나?"

"아, 그 안은 상당히 좋은데."

이런 질문을 통해 결과를 암시하면서 대화를 이끌어간다.

이런 방법으로 상대방의 생각을 이끌어낸다면 그는 자신이 설득당했다고 생각하지 않는다.

참된 설득이란 이렇게 상대방의 자발성을 유도하는 데 있다. 이때 비로소 구성원 각자가 스스로 자기가 맡은바 임무를 열심히 추진하게 되고, 결국 경영자가 의도한 성과를 이룰 수 있다.

 week

상대가 당신의 마음을 이해하지 못하는 것은
당신의 설득력이 나쁘기 때문이다.

103

우선순위를 정하라

어떠한 일이든 처음 시작하기는 어렵지 않다. 그러나 그 일에 완전히 열중하기란 쉬운 일이 아니다. 자신이 하는 일에 온갖 정열을 불태우는 것도 마찬가지다.

거기에는 여러 가지 장애가 있고, 기쁨도 슬픔도 괴로움도 있으며, 수많은 유혹이 있다.

그러나 어떠한 어려움이 있더라도 자기가 시작한 일에 결과를 보기까지는 포기하지 않는다는 집념이 필요하다.

일이란 가치를 창조하기 위한 것이다. 가치를 창조하지 못하는 일은 일이라 할 수 없다. 따라서 어떤 일을 시작할 때는 먼저 그 의미를 생각해야 한다.

그리고 여러 가지 일이 주어졌다면 순서를 정해 가장 중요한 일부터 시작한다.

중요도는 그 일이 갖는 가치와 타이밍, 이 두 가지 면에서 측정할 수 있다. 반드시 해야 할 일은 무엇인가, 즉시 할 일은 무엇인가를 생각해서 결정한다.

중요도에 따라 일을 한다는 것은 일의 순서를 말하는 것이 아니다. 여기서 의미하는 순서란 한 가지 일의 진행 순위를 말한다.

요리를 할 때 가스레인지에 불을 붙인 다음 그때부터 재료를 구하는 것은 순서를 잘못 정한 것이다.

그러나 우리 주변에는 일의 중요성에는 관심조차 갖지 않고 사소한 것에 집착해 "아, 바쁘다. 바빠!", "도대체 시간이 없다"고 말하는 사람이 의외로 많다.

 Think week

> 분명한 사실은 어떤 상황에서 어떻게 해야 옳은지를 당신은 잘 알고 있다는 것이다. 그러나 그것을 행하는 것은 어렵다.

104

단 한 명이라도
참된 친구를 만들어라

오늘날 젊은이들 사이에서는 라이벌 의식 때문에 좀처럼 우정이 자라지 않는다고 한다.

입시전쟁이라고까지 일컬어지는 비정한 진학경쟁을 떠올리면 이 말이 이해가 갈 것이다.

그러나 '어제의 적은 오늘의 친구'라는 말처럼 어제까지는 경쟁관계에 있었다 하더라도 대학에 입학한 다음이나 취직을 한 후에는 이전과 같은 경쟁의식이 사라지고 다시 우정이 되살아나는 경우도 있다.

그렇다면 참다운 친구란 어떤 친구인가? 유치원에서부터 대학교까지 학교 친구는 얼마든지 사귈 수 있다. 사회에 나온 뒤에도 놀이 친구, 술 친구, 이야기 친구 등 많은 사람을 사귈 수 있다.

이 가운데 참다운 친구란 우리가 가장 필요로 할 때 함께 있어 주는 사람이다.

사업 실패, 가정의 불행이나 질병 혹은 다른 인생문제나 실연으로 괴로워할 때 마음속으로 위로하고 격려해 주는 참된 우정을 나누는 친구야말로 참으로 보배로운 존재라 할 수 있다.

참다운 친구란 '결코 상대방을 배신하지 않는 친구'이기도 하지만, 그것보다도 '설령 배신당했다고 하더라도 그래도 믿을 수밖에 없는 친구'일 것이다.

간혹 "나는 그를 친구라고 생각하고 있었는데 이렇게 배신하는 것을 보니 숫제 모르는 사람보다도 못하다"는 푸념을 늘어놓는 사람이 있다.

그러나 이 정도라면 단순한 이해관계로 맺어진 사이라고 할 수 있으며, 진심으로 친구를 믿었던 것이라고 할 수 없다. 즉 배신을 당했다고 하더라도 그럼에도 불구하고 믿고 싶어지는 친구가 아니라면 참다운 친구라고 할 수 없다.

인간이란 믿을 수 없는 존재다. 자신이 불리한 경우에는 얼마든지 친구를 배신할 수 있다.

그러나 설령 이러한 경우라도 배신한 친구를 원망하거나

증오하는 대신, 자신의 부덕함을 생각하는 사람이야말로 참다운 친구를 가질 자격이 있다.

　인간이란 한번 의심하기 시작하면 끝이 없고, 의심이 있는 곳에서는 결코 참다운 우정이 자랄 수 없다.

 week

> **나중에 찾아올 기쁨을 함께 나눌 수 있기를 바라면서 친구에게 현재의 어려움을 함께 나누자고 부탁하라.**

105

먹기 위해 사는가,
살기 위해 먹는가

옛날 농업사회에서는 모두가 **뼈 빠지게** 일을 해도 마음껏 먹지 못했다. 그만큼 시기가 어려웠다.

그러나 현대사회는 사회가 고도로 발전해 실업자가 고혈압이나 당뇨병에 걸리는 포식의 시대다. 무슨 일을 하든 굶주릴 정도는 아니다.

이렇게 혜택받는 시대에 산다면 좀더 인간답게 자신이 하고 싶은 일을 추구해야 한다.

먹기 위해서만 사는 것이라면 황야를 헤매는 동물과 무엇이 다르겠는가.

오늘날에는 사람에 대한 평가 기준도 달라졌다. 부자라거나 지위가 높다는 사실만으로 훌륭하다고 생각하는 사람은 드물다.

사람이 살아가는 방식을 '돈'과 '일'로 구분해서 살펴본다면 다음과 같은 네 가지 유형으로 나눌 수가 있다.

첫째, 좋아하는 일, 하고 싶은 일을 하면서 성공한다.

둘째, 좋아하는 일, 하고 싶은 일을 하지만 성공하지 못한다.

셋째, 싫어하는 일이지만 돈벌이가 좋기 때문에 어쩔 수 없이 하며, 의도한 만큼 돈을 번다.

넷째, 싫어하는 일을 돈벌이 때문에 어쩔 수 없이 하지만 성공하지 못한다.

두말할 것도 없이 좋아하는 일을 해서 성공하는 것이 가장 바람직하다.

그러나 좋아하는 일인데 설령 성공하지 못했다 하더라도 스스로 납득할 수 있다. 어쩔 수 없이 싫어하는 일을 하더라도 자기가 목표한 만큼 돈을 벌면 나쁘지 않다. 가장 참혹한 경우는 하기 싫은 일을 어쩔 수 없이 하면서 성공도 못한 사람이다.

다음과 같은 명언이 있다.

"가난한 것은 결코 부끄러운 일이 아니다. 부끄러운 일은 꿈이 없는 것이다. 재산이 있는 것 또한 결코 부끄러운 일이 아니다. 부끄러워해야 할 일은 사회에 공헌할 수 있는 능력이 없으면서도 재산을 가지고 있는 것이다."

한 번뿐인 인생이다. 무엇인가 뚜렷하고 가치 있는 목표를 세우고, 그 목표를 이룩하기 위해 끊임없이 노력할 때만 보람찬 일생을 보낼 수 있다.

모처럼 이 세상에서 생을 누리고 있는 이상, 자기에게 맞는 인생, 보다 자기다운 삶을 추구해야 할 것이 아닌가.

 week

자신의 마음이 움직이는 대로 행동하고 원하는 일을 한다면 일과 놀이의 구분은 사라질 것이다.

106

결단력

경영자가 갖춰야 할 가장 중요한 미덕은 바로 결단력이다. 따라서 결단력이 없는 경영자는 경영자로서 자격이 없다고 할 수 있다.

결단력은 경영자에만 필요한 것은 아니다. 인생이란 선택하고 결단을 내리며 실행하는 과정의 연속이다. 따라서 결단력이란 인생을 경영하는 사람이라면 누구에게나 지극히 중요하다.

아무리 유능한 사람이라도 모든 분야에서 탁월할 수는 없다. 때로 이런 사람조차도 엄청난 실수를 범할 때가 있다.

그러나 그가 결정적인 실수를 범하지 않았던 것은 잘못된 판단이었다고 생각한 순간 재빨리 후속 조취를 취했기 때문이다. 즉 제1안이 좋지 못할 때에는 제2안이라는 식으로 처음부터 대책을 준비해 놓았던 것이다.

모든 일은 처음에는 계획한 대로 시작된다. 그러나 일이 진행되는 과정 속에서 그때그때의 상황을 판단하고, 그에 따라 처음 세웠던 진로를 수정하고 조정해야 할 때가 있다.

처음부터 성공적인 결과로 판명나는 결단이란 있을 수 없다. 결단은 항상 위험을 수반한다. 성공할 때도 있지만, 실패 또한 각오하고 덤벼야 한다.

만약 70퍼센트 정도의 승산이 있다면 결단을 내리고 착수하라. 우유부단하게 미루다가 오히려 실패하는 경우가 많다.

그러나 결단을 내릴 때는 신중해야 한다. 그렇게 하기 위해서는 먼저 그것을 실행함으로써 생길 수 있는 좋은 점과 나쁜 점을 구체적으로 예상해 하나씩 검토해 나가는 것이 좋다. 예상되는 결과를 충분히 체크하다 보면 공평하고 객관적인 판단을 내릴 수 있다.

Think week

> 결정을 내릴 때 가장 좋은 선택은 올바른 일을 하는 것이고, 그 다음은 잘못된 일을 하는 것이며 가장 안 좋은 선택은 아무것도 안 하는 것이다.

⊙ 시간 관리에 관한 격언

1. 미래를 신뢰하지 마라. 죽은 과거는 묻어 버려라. 그리고 살아 있는 현재에 행동하라.

2. 오늘이라는 날은 두 번 다시 오지 않는다는 사실을 잊지 마라.

3. 오늘 하루를 헛되이 보냈다면 그것은 커다란 손실이다. 하루를 유익하게 보낸 사람은 하루의 보물을 파낸 것이다.

4. 계획이란 현재에 대한 미래의 결정이다.

5. 인간은 항상 시간이 모자란다고 불평하면서 마치 시간이 무한정 있는 것처럼 행동한다.

6. 일하는 시간과 노는 시간을 뚜렷이 구분하라. 시간의 중요성을 이해하고 매순간을 즐겁게 보내고 유용하게 활용하라. 그러면 젊은 날은 유쾌함으로 가득 찰 것이고, 늙어서도 후회할 일이 적어질 것이며, 비록 가난할 때라도 인생을 아름답게 살아갈 수 있을 것이다.

7. 지금이야말로 일할 때다. 지금이야말로 싸울 때다. 지금이야말로 나를 더 훌륭한 사람으로 만들 때다. 오늘 그것을 못하면 내일 그것을 할 수 있겠는가.

8. 변명 중에서도 가장 어리석고 못난 변명은 "시간이 없어서"라는 변명이다.

Chapter 8

인간관계의
처세학

재능이란 흠을 들춰내면 시들어 버린다.

107

상대방의 이름을 기억하라

보통 사람은 상대방과 자신이 다른 존재라는 사실을 분명
히 구별해 주는 자기 이름을 중요하게 여긴다.

따라서 이름이 불리면 유쾌함을 느끼고, 이름을 불러주는
사람에게 친근감을 갖는다.

인간관계에 능숙한 사람은 이러한 인간의 심리를 정확히
파악하고 행동한다.

회사에서 아침에 인사할 때 "안녕하세요?"라고 말하는
대신 "○○씨, 안녕하세요?"라고 이름을 넣어서 말해 보라.

또 친구끼리 오랜만에 만나 가족의 안부를 묻는 자리에서
"아이들은 잘 자라죠?"라고 말하기보다 이름을 기억하고 있
다가 "○○는 공부 잘하죠?"라고 물어보라. 그러면 상대는

당신의 자상한 마음씨에 친근감을 느끼게 될 것이다.

내가 아는 어떤 사람은 매일 부하직원의 이름을 부르는 횟수를 집계하고 있다가 만약 어떤 사람에 대해 소홀했다고 생각하면 그만큼 그 사람의 이름을 불러 부족한 횟수를 채운다고 한다.

중소기업의 경영자나 대기업의 부장급 이상 간부가 되어 직속 부하직원만 백 명이 넘게 되면 직원들의 이름을 기억하는 노력을 포기하는 경우가 많다.

그러나 인간관계를 성공적으로 유지해 나가는 사람은 "자네!"라고 부르는 대신 "○○군!"이라고 부르기 위한 노력을 게을리하지 않는다.

그래서 길거리에서 마주치더라도 그 이름을 부르고, 꼭 가족의 안부를 묻는다.

평사원 입장에서는 상사인 부장이 자기 이름을 기억한다는 사실만으로 기쁠 것이다. 그리하여 그 기쁨을 동료에게 이야기할 것이다.

이러한 이야기가 퍼질 정도가 되면 그 부서의 성과는 어김없이 향상된다. 부장은 모든 부하직원들에게 존경을 받게 되고, 직장 분위기는 밝고 생기 넘치게 된다.

어느 회사의 상무 부인은 남편의 부하직원들에게 평판이

대단히 좋았다. 단 한 번이라도 자기 집을 방문한 적이 있는 사원이라면 얼굴과 이름을 잊지 않았기 때문이다.

상무가 "당신 기억력은 알아줘야겠어!"라고 하자 부인은 이렇게 대답했다.

"집을 찾아와 주는 사람들은 모두 당신에게 귀중한 사람들이라 생각하고 열심히 외웠어요."

Think week

어느 누구도 자신이 받은 것으로 인해 존경받지 않는다. 존경은 자신이 베푼 것에 대한 보답이다.

재능이란 흠을
들춰내면 시들어 버린다

초등학교에서 학생들을 대상으로 산수 능력을 테스트했다.

당시 틀린 점만을 지적당한 학생은 일주일간 점수가 20퍼센트밖에 향상되지 못했다. 반면 틀린 점은 가볍게 넘기고 올바른 해답을 찾을 수 있도록 격려를 받은 학생은 70퍼센트 이상 향상되었다.

재능이란 흠을 들추어내면 시들어버리고 격려를 받으면 꽃을 피운다. 대부분의 상사는 부하직원에게 쉽게 칭찬의 말을 건네지 않는다.

그들 중에는 "칭찬할 만한 점이 있어야 칭찬하지 않겠느냐"고 반문하는 사람도 있다.

스스로를 평가 기준으로 삼기 때문에 칭찬할 만한 점을 찾을 수 없는 것이다.

모든 사람은 단점과 장점을 동시에 가지고 있다. 물론 상대방의 결점도 알아야 한다. 그것은 자기가 키운 개에게 물리지 않기 위한 것과 같다.

그러나 그보다 먼저 상대방의 장점을 찾아 칭찬하는 것이 업무 능력과 관계 개선에 효과적이다. 덤불 속을 뒤지듯 애써 당사자조차 미처 깨닫지 못한 장점을 찾아내 다음과 같이 말하라.

"그래도 자네에게는 이런 장점이 있지 않나?"

"미처 몰랐는데, 자네 이런 장점을 가지고 있었군!"

누구에게나 우월감은 있다. 그리고 상대보다 뛰어나고 싶다는 마음이 강하게 작용할 때 재능은 상승작용을 일으킨다.

누구나 가지고 있는 이 우월감을 자극하라. 엄청난 효력을 발휘하게 될 것이다.

영국 수상을 지낸 디즈레일리는 35세까지 독신 생활을 하다가 어느 돈 많은 미망인과 결혼했다. 그녀는 남편보다 무려 15살이나 위였으며, 머리는 벌써 희끗희끗했다.

디즈레일리가 선택한 미망인은 젊지도 않고, 미인도 아니었으며, 그렇다고 명석한 두뇌를 가진 것도 아니었다. 게다가 문학이나 역사에 관한 지식도 없었고, 남들이 들으면 비웃음을 살 터무니없는 말도 태연히 던지곤 했다.

그리스시대와 로마시대 중 어느 쪽이 먼저인지도 모를 정도였다. 의상이나 가구, 실내장식에 대한 취미도 고상하지 못했다.

그러나 그녀는 결혼생활에서 가장 중요한 것, 즉 남편을 길들이는 방법을 터득하고 있었다.

국정 업무를 수행하느라 지쳐 돌아오는 디즈레일리에게 아내가 건네는 어리숙한 이야기는 더 할 나위 없는 위안과 기쁨이었다.

그녀는 30년간 싫증도 내지 않고 남편 이야기에 귀를 기울이고 격려했다.

그 결과 디즈레일리는 기회만 있으면 여러 사람 앞에서 '아내야말로 자기 목숨보다도 더 귀중한 존재'라는 말을 들을 수 있었다.

 week

상대에게서 잘못된 점만 찾지 말고 그것을 고칠 수 있는 방법을 찾아라.

109

장래성을 보고 사람을 평가하라

　미국의 동북부 지방에 어느 날 정전사고가 발생했다. 그러자 다음날 아침 신문을 발행할 수 있었던 신문사는 〈뉴욕 타임스〉 단 한 군데뿐이었다.

　〈뉴욕 타임스〉는 재빨리 인쇄시설을 갖추고 있는 다른 지방에 위치한 인쇄공장을 수소문해 그날의 인쇄 작업에 곧바로 착수했다.

　그런데 어찌된 일인지 〈뉴욕 타임스〉 경영자가 100만 부를 인쇄하도록 지시했음에도 불구하고, 실제로 독자의 손에 들어간 것은 그 절반인 50만 부밖에 안 되었다.

　이유인즉 신문이 인쇄에 들어가려는 순간 편집국장과 그를 보좌한 세 사람의 편집담당자가 한 단어를 놓고 하이픈으로 잇느냐 마느냐에 대해 오랫동안 토론을 벌이느라 시간을 소모했기 때문이다.

이때 결론이 내려지기까지는 무려 48분이 걸렸다. 이것은 신문 50만 부를 인쇄할 수 있는 시간이었다.

편집국장은 문법상의 오류를 허용할 수 없었다. 왜냐하면 〈뉴욕 타임스〉에서 사용하는 용어가 미국인들이 사용하는 언어의 표준이 된다고 믿었기 때문이다.

그렇다. 편집국장은 당장의 이익이나 편의성보다도 신문의 권위와 장래성이 중요하다고 생각했다.

사람을 사귀고, 더 많은 사람들과 교제할 때는 그 사람의 현재 위치보다도 그 장래를 내다볼 줄 아는 안목을 가져야 한다. 그리고 인간관계에 있어 무엇보다도 중요한 것은 자기 발전이다.

어느 백화점 사장이 이런 말을 했다.

"나는 구식이어서 그런지 모르지만, 손님들이 우리 매장을 찾게 하는 가장 좋은 방법은 마음속에서 우러나오는 정중한 서비스라고 믿습니다. 그런데 어느 날 점포 안을 둘러보다가 우리 직원 중 한 사람이 손님과 말다툼하는 모습을 보게 되었습니다. 손님은 화가 난 채 돌아가 버렸습니다. 그러자 그 직원이 옆에 있던 동료에게 '겨우 2천 원짜리 손님 때문에 많은 시간을 낭비할 수는 없잖아? 이런 손님에게는 귀중한 시간을 할애할 가치가 없어' 라고 말했습니다. 나는 내 방에 돌아와 조사과장을 불렀습니다. 그리고 지난 1년 동안 손님 한 명이 평균 얼마만큼 우리 매장에서 물건을 사갔는지 조사하도록 했는데, 그가 가져온 보고서를 보고 깜짝 놀라지 않을 수 없었습니다. 모두 20만 8천 원어치 물건을 산 것입니다. 나는 곧 전 직원을 모아놓고 이 사실을 지적했습니다. 손님이란 단 한 번의 거래로 평가할 수 없으며, 장래의 가치를 생각하여 서비스를 해야 한다는 사실도 아울러 지시했습니다."

미국의 어린이 전용 구장에 가면 오래전부터 면도날을 광고한다. 이것은 어린아이에게 면도날을 팔기 위해서가 아니다. 어린아이가 어른이 되어 자기 회사 제품을 쓰도록 미래를 위해 미리 투자한 것이다.

 week

위대한 업적을 이루려면 활동을 하는 데 만족해서는 안 되고 반드시 꿈을 꾸어야 한다.

110

나쁜 말과 좋은 말의 차이

어느 식당에 여종업원이 있었다. 그녀는 나무랄 데 없는 미인이었다. 그러나 그녀에게는 말버릇이 고약하다는 흠이 있었다.

그녀를 오랫동안 지켜본 한 손님이 어느 날 술에 취해 그녀에게 다음과 같이 말했다.

"당신은 얼굴은 예쁘지만 말버릇이 너무 고약해! 고치지 않으면 분명 큰코 다칠 날이 있을 거야."

손님에게 악의가 없다는 것은 잘 알고 있었지만, 그녀는 더이상 그에게 친절함을 보일 수가 없었다.

그러나 똑같은 상황에서 한 손님은 이렇게 말했다.

"당신은 언어 사용에 흠이 있기는 하지만 조금만 고친다면 아주 훌륭한 직원이라 할 수 있소."

그러자 그녀는 이렇게 대답했다.

"죄송합니다. 이제는 정말로 말버릇을 고쳐야겠어요. 충고 감사합니다."

말은 잘 생각하고 사용해야 한다.

같은 말이지만 첫 번째 손님의 말은 사뭇 공격적인데 반해 두 번째 손님의 말에는 칭찬과 조언이 함께 깃들어 있다.

조언을 해줄 때는 당사자가 자발적으로 노력하도록 자극해야 한다.

"내게는 아무런 확신이 없다. 그러나 오늘보다는 내일이, 내일보다는 그 다음날이 더 발전할 수 있는 젊음을 가지고 있다. 나라는 인간은 그렇다! 이 점에는 전혀 의심의 여지가 없다."

젊은 시절 도요토미 히데요시는 이렇게 스스로를 격려했다. 이러한 긍정적인 태도는 매순간 놀라운 힘을 발휘한다.

Think week

친절한 말 한 마디가 3개월간의 겨울을 따뜻하게 해준다.

111

진정한 우정

두 친구가 함께 험한 산을 오르고 있었는데 갑자기 두 사람 앞에 큰 곰이 나타났다.

그때 한 친구는 나무 위로 도망가고, 다른 친구는 그 자리에 기절한 척 꼼짝도 않고 있었다.

곰은 엎드려 있는 친구에게 다가가 무슨 말인가를 하고 유유히 사라졌다. 위기를 넘기고 난 후, 나무 위로 도망갔던 친구가 아래로 내려와 땅에 엎드렸던 친구에게 곰이 무슨 말을 하더냐고 물었다. 이때 아래에 있던 친구가 대답했다.

"위급할 때 혼자 도망가는 친구하고는 같이 놀지 말라고 하더군."

이 이야기는 《이솝 우화》에 나오는 내용이다. 친구나 동료와 사귈 때 무엇인가 배우는 바가 있거나 성장에 도움이 되는 친구를 가까이 두어야 한다.

한 중소기업이 필립스에 감광지를 납품하고 있었다. 처음에는 한 달에 5만 개씩 계약했지만, 제1차 세계대전이 발발하자 25만 개로 증가했다. 당시 단가는 2달러 2센트로 납품 업체가 대기업인 필립스이니만큼 지불 걱정은 전혀 하지 않았다.

중소업체 사장은 재단에서 생기는 낭비를 없애고, 포장을 합리화하도록 지시했다. 그러자 얼마 지나지 않아 60퍼센트 가까운 이익이 발생했다. 처음에는 이렇게 큰 이익이 생길 거라고 기대하지 않았던 사장은 엄청난 이익에 놀랐다.

그는 평소 친분이 있던 필립스 이사 집을 찾아가 말했다.

"납품가가 너무 높아 필립스 사에 미안해서 안 되겠네요. 그러니 단가를 조금 내리겠습니다."

그러자 이사가 대답했다.

"괜찮습니다. 지금 가격으로 계속 납품하십시오."

그는 돌아오면서 '이사도 돈이 필요할 텐데'라고 생각하고서 회사 수익을 30퍼센트로 책정하고, 나머지 30퍼센트는 필립스 이사 이름으로 저축하기로 마음먹었다.

예금통장의 숫자가 몇만 달러가 될 즈음 필립스 이사가 그

중소기업을 찾아왔다. 사장은 이때다 싶은 생각에 그동안 저축한 통장을 이사 앞에 내밀었다. 그러자 이사가 화를 내며 말했다.

"당신이 훌륭한 사람이라고 생각했는데, 이렇게 치사한 짓을 할지 몰랐소."

"그때 그대로 납품해도 좋다고 말씀하셨잖습니까?"

"보시오. 내가 필립스에 입사한 지 28년 그동안 귀한 물건을 가지고 우리집을 찾아온 사람은 헤아릴 수 없을 만큼 많았소. 그러나 수익이 너무 많이 나니 단가를 내려달라고 말한 사람은 당신 뿐이었소. 다음날 나는 회사 간부들에게 '이런 사람이라면 새로운 발명품을 내놓기 위해 계속 노력할 것이고, 그 노력이 결실을 맺게 하려면 우리가 도와줘야 한다고. 그것이 인류를 위한 길이다'고 말했소. 그래서 종전 값으로 납품케 했던 것이오."

중소기업체 사장은 고개를 들 수가 없었다.

 Think week

진정한 우정은 친구들의 수가 아니라 그 깊이와 소중함으로 판단할 수 있다.

112

자신감

자신감을 가지고 행동하면 상대방으로부터 신뢰를 얻을 수 있다. 때로는 뛰어난 재능보다 확신에 찬 태도가 더 도움이 된다.

나폴레옹은 확신에 찬 태도가 얼마나 중요한지 누구보다 잘 알고 이를 최대한 활용한 대표인물이다.

제1차 세계대전 때 도주 후 나폴레옹을 체포하기 위해 프랑스군이 파견되었을 때 그는 도망가기 위해 숨는 대신 대담하게 그들을 마중 나갔다.

1인 대 전군全軍. 그러나 프랑스 최고 통치자라고 하는 자부심 덕분에 그는 체포되는 것이 아니라 병사들이 그를 따라 귀환한 것 같은 상황을 연출할 수 있었다.

다음은 세계 최고 호텔 경영자 콘래드 힐튼에 관한 에피소드다.

청년시절 힐튼은 가난했지만 사람들에게 신뢰를 주었다. 당시 그가 가지고 있던 재산은 '항상 약속을 지키는 사람이라는 평판과 믿음직스럽다는 인상을 주는 자신감' 뿐이었다. 그는 어떠한 장애에 부딪치더라도 힐튼은 항상 실패란 있을 수 없는 것처럼 행동했다.

당시 설계도를 펴놓고 열심히 호텔 구조를 구상 중인 힐튼에게 어머니가 다가와 걱정스럽게 물었다. 그러자 그는 서슴없이 1급 호텔을 설계하고 있노라고 대답했다.

"돈은 어디서 융통하려고?"

어머니가 물었다. 힐튼은 어머니의 질문에 웃음을 지으며 "여기에서"라며 자기 머리를 툭툭 쳤다.

힐튼은 지인들에게 약 50만 달러의 자본금을 빌리는 데 성공했다. 그러나 건축가들은 그가 바라는 호텔을 짓는 데는 100만 달러가 필요하다는 견적 결과를 내놓았다.

돈이 턱없이 부족했지만 그는 곧바로 호텔 건설에 착수했다. 물론 구체적인 자금 마련 계획은 전혀 없었다.

단지 사람들에게 100만 달러의 호텔을 짓고 있다고 말하고 다녔을 뿐이다. 이런 그의 모습에서 정말 어떠한 일이 있더라도 해내고 만다는 확고한 신념을 발견할 수 있었다. 그런 까닭에 사람들은 힐튼이라면 반드시 해낼 거라고 믿었다.

놀랍게도 이후 투자자의 손길이 끊이지 않고 계속되었다.

존 록펠러도 같은 방법을 썼다. 그가 경영난을 겪을 때 채권자들이 몰려와 돈을 달라고 아우성을 치자 록펠러는 곧바로 수표장을 손에 들고 큰 소리로 말했다.

"현금으로 드릴까요? 스탠더드 석유회사 주식으로 가져가시겠습니까?"

그의 태도가 확신에 차 있었기 때문에 채권자들은 당연히 주식을 원했고, 그는 위기를 극복할 수 있었다.

 week

스스로 가장 뛰어난 사람이라고 자신 있게 말하면 세상 사람들은 그렇게 믿을 것이다.

113

언덕을 오를 땐

　무거운 짐을 수레에 가득 싣고 가파른 언덕길을 올라가는 사람이 있었다. 그 언덕길을 올라가기는 결코 쉬운 일이 아니었다. 누군가가 좀 와서 밀어주었으면, 하고 기다렸지만 모두 그를 못 본 척하며 그냥 지나가버렸다.

　"에이, 할 수 없지!"

　그는 손바닥에 침을 뱉은 다음 있는 힘을 다해 수레를 끌고 언덕길을 오르기 시작했다.

　땀이 비오듯 흘렀다.

　'만약 힘이 빠져 손을 놓기라도 한다면 분명 수레는 언덕 아래 어딘가로 처박히고 말리라.'

　그는 이렇게 생각하며 필사적으로 언덕길을 올라갔다. 그

때였다.

"힘 드시죠. 제가 밀어드리겠습니다."

이 소리와 함께 누군가 뒤쪽에서 힘차게 수레를 밀어 주었고, 그는 힘들지 않게 그 언덕길을 올라갈 수 있었다.

힘겹더라도 최선을 다해 부딪혀 보라. 필사적인 노력을 기울여 3분의 1만 스스로 해나간다면 그 열정에 감동받아 당신에게 힘이 되어 줄 사람이 나타날 것이다.

 week

승자는 일곱 번 쓰러져도 여덟 번 일어서지만,
패자는 쓰러진 일곱 번을 낱낱이 후회한다.

114

항상 미소 지어라

'웃는 얼굴에 침 못 뱉는다'는 속담이 있다. 웃는 얼굴이야말로 백만 원군과도 같다.

사람들은 웃는 얼굴을 좋아한다. 그러나 억지웃음은 다르다. 거기에는 비굴함이 깃들어 있기 때문이다. 이런 웃음은 상대방의 경멸을 자초할 뿐이다.

미소와 밝은 얼굴은 상대방의 마음을 열리게 하고, 사람을 끌어당기는 마력이 있다.

그렇다면 미소가 끊이지 않는 사람은 어떤 사람일까?

첫째, 사람들에게 호감을 갖는다.

둘째, 겸손하다.

셋째, 솔직하고 선량한 기질을 가지고 있다.

그러자 랍비는 이렇게 대답했다.”

“나는 나 자신이 겉치레 인사나 칭찬에 약하다는 것을 알고 있소. 오늘 밤 당신들은 내게 최상의 말로 칭송할 것이오. 그래서 지금부터 익숙해지려고 그런 것이오. 당신들도 자기가 자기를 칭찬한다는 것이 얼마나 우스운지 잘 알 것이오. 그러나 오늘밤 똑같은 말을 듣게 된다면 그러려니 하고 넘길 수 있지 않겠소?”

‘사람을 면전에 두고 지나치게 칭찬해서는 안 된다. 누구를 칭찬하고자 할 때는 보이지 않는 곳에서 하라.’

누군가를 칭찬할 때는 이 말을 명심하라.

 week

겉치레 인사는 고양이처럼 핥는다. 그러나 모르는 사이에 남을 할퀸다.

116

경쟁자의 약점을 이용하지 마라

현대사회는 치열한 경쟁 시대다. 개인과 개인 간 경쟁, 기업과 기업 간 경쟁, 나라와 나라 간 경쟁이 숨가쁘게 펼쳐지고 있다.

제아무리 친한 친구 사이라도 경쟁의식이 작용하기 마련이다. 친구의 승리는 바로 당신의 패배를 의미할 수도 있기 때문이다.

그러나 경쟁하기에 앞서 반드시 기억해야 할 것은 '페어플레이 정신'이다. 상대가 먼저 성공의 길에 들어선다고 해서 그 바짓가랑이를 붙들고 늘어져서는 안 된다. 싸움은 어디까지나 정정당당해야 한다.

미국의 강철왕 카네기는 열두 살 때 어느 방직공장의 실감는 직원으로 고용되었다.

그때 그는 세계에서 제일가는 실감기가 되기로 결심하고 열심히 일했다.

얼마후 카네기는 그 노력을 인정받아 더 많은 월급을 받고 집배원으로 고용되었다. 그때도 그는 세계 제일의 집배원이 되어 보자고 결심했다.

그는 자신이 맡은 구역 안에 있는 집 주소를 모두 외웠고, 드디어 그가 맡은 구역 내 어떤 집이라도 단 한 번으로 배달되지 않는 곳이 없을 정도가 되자 다음에는 전기기사로 발탁되었다.

이처럼 카네기는 어떤 사람에게도 지지 않으려고 노력했다. 그러나 그는 자신의 분야에서 최선을 다할 뿐 절대로 동료를 의식하지 않았다.

결국 그는 세계 최고의 강철왕이 되었다. 카네기의 이러한 태도는 깨끗한 승리자의 이미지를 우리에게 심어 준다.

일본의 모리나가와 메이지 제과 두 회사는 옛날부터 우유 생산 회사로 유명했으며, 시장 점유를 둘러싸고 서로 치열한 경쟁관계에 있었다.

그러던 어느 날 위생검사 결과 모리나가의 제품에 유해물질이 함유되었다는 사실이 드러났다.

이 정보를 듣게 된 한 기자가 메이지 제과 사장에게 다음과 같이 물었다.

"어떻습니까. 경쟁사가 저렇게 되었으니 메이지 제과로서는 앉아서 득을 보는 것이 아니겠습니까?"

이러한 질문에 메이지 제과 사장은 아무 말 없이 그대로 회사로 돌아가 긴급 간부회의를 소집했다.

그러고는 다음과 같은 지시를 내렸다.

"앞으로 모리나가에 관해서는 어떤 말도 언급하지 마라!"

'경쟁회사의 약점을 이용해 득을 보지 않겠다'는 그의 페어플레이 정신은 우리에게 깊은 감동을 준다.

현대사회에서 경쟁은 피할 수 없다. 그러나 경쟁의 방법이 졸렬하고 비열하다면 승리를 거머쥔다고 한들 무슨 의미가 있겠는가.

 week

비열한 방법으로 승리를 거둔다 해도 언젠가는 당장 얻은 이익보다 훨씬 더 큰 손해를 입게 될 것이다.

117

의사결정은 **최대한** 미루어라

"'예'와 '아니요'에 게을러야 성공한다."

이것은 외교관들 사이에서 흔히 들을 수 있는 말이다.

오랫동안 영국의 외무차관을 지낸 바 있는 밴시터트는 외교관이 되기 위한 최고의 자질로 '현명하되 게으른' 사람을 꼽았다.

신중한 태도는 비단 외교관에게만 적용되는 문제는 아니다. 대답은 '즉시 그러나 확실하게', 이것이 지금까지 우리가 교육받은 예의범절이었다. 또한 이런 사람이 능력 있고 분명한 사람이라는 평가를 받아왔다.

그러나 세상사에서 검정색과 하얀색으로 분명히 구별되는 경우가 얼마나 있을까.

모든 문제를 명명백백하게 바로 답변하기는 쉽지 않다.

"저 사람은 굼뱅이처럼 느려터졌어."

"과연 저 사람이 정확한 답을 해줄 수 있을까?"

이런 평판은 그 사람이 무엇인가 확실한 것을 가지고 있지 않거나 결단력이 없는 사람이라는 인상을 준다. 왜냐하면 사람들은 오랫동안 '예와 아니요가 분명해야 한다'는 교육을 받아왔기 때문이다. 그러나 답변하기 전에 잘 모르는 일, 변수가 많은 경우에는 적당한 핑계를 대서라도 답변을 미루는 편이 현명하다.

서양 사람들은 답변하기 전에 반드시 '디플로머시^{diplo-}^{macy}', 즉 외교술이라는 것을 둔다. 그들은 목적과 행동을 직선으로 연결시키지 않고, 그 사이에 반드시 디플로머시를 두도록 훈련받아 왔다.

"잘 상의해보겠습니다."

"저로서는 뭐라고 답변하기 어렵습니다."

"이의는 없습니다만, 상부에 보고한 다음 답변드리겠습니다."

이런 말들은 모두가 일종의 디플로머시다. 보통 간부나 책임자일 경우에는 의사결정에 쫓기는 경우가 많다. 이런 경우 서둘러서 "예"와 "아니요"를 표현해 버린다면 오히려 아직 미숙하다는 평가를 받기 쉽다.

일단 답변을 보류해 놓은 다음 실수가 없도록 다시 한 번 꼼꼼히 검토한 후에 답변하는 것이 현명한 태도다.

요즘은 "예"도 아니고 "아니요"도 아닌 중간 답변도 자주 사용되고 있으며, 단호하게 "아니요"라고 말하기보다는 이러한 답변이 호의적이라는 평가가 있다.

실패를 줄이고 싶다면 '디플로머시'의 기술을 익혀라.

 week

만약 실패를 줄이고 싶다면 '디플로머시 기술'을 익혀라. 이때만큼은 '예'와 '아니요'에 게을러야 성공한다.

118

여성과의 관계에서 **살아남기**

노벨상 수상작가인 니코스 카잔차키스는 자신의 작품에서 다음과 같이 말한 적이 있다.

"땅 위를 달리는 사슴보다 빠른 것이 하늘을 나는 제비다. 제비보다 빠른 것은 남자의 마음이요, 남자의 마음보다 빠른 것이 여자의 가슴이다."

소크라테스는 악처로 소문난 아내 때문에 결혼생활에는 넌더리가 났을 법도 하지만, 실제는 그렇지가 않았다. 그는 언제나 젊은이들에게 이렇게 충고했다.

"결혼을 하십시오. 좋은 아내를 얻으면 행복해질 것이고, 악처를 얻으면 철학자가 될 테니까."

그러나 소크라테스의 아내도 다른 남자와 결혼했다면 현

모양처가 되었을지도 모를 일이다.

직장인들 중에는 의욕적으로 열심히 일하는 사람이 있는 가 하면 요령껏 적당히 일을 하는 사람도 있다. 또한 일은 제쳐놓고 청춘을 어떻게 하면 즐길 수 있을지에만 몰두하는 사람들도 있다.

여직원들은 보통 감정적이고 즉흥적이며 무엇엔가 쉽게 빠져버리는 경향이 있다. 또한 질투심과 의심이 남성보다 훨씬 강하다.

이러한 특성상 여성이 보내는 신뢰는 아주 사소한 실수로도 순식간에 깨져 엄청난 원망으로 바뀔 수 있다.

 week

특정 여직원에게만 친절하게 대하면 곧바로 여직원 전체로부터 심한 반발을 살 수도 있다는 사실을 각오해야 한다.

단순한 정의파가 되지 마라

아인슈타인은 다음과 같이 말했다.

"상대성 이론을 이해할 수 있는 사람은 이 세상에 열두 명 밖에 없다. 그러나 내 이론을 설명할 책은 산더미처럼 출판되었다."

아인슈타인은 자신의 상대성 이론을 한마디로 다음과 같이 요약했다.

"아름다운 여자 옆에 앉아 있으면 1시간이 지나도 1분밖에 지나지 않은 것 같다. 하지만 뜨거운 스토브 옆에 있으면 1분이 1시간처럼 느껴진다. 바로 이것이 상대성 원리다. 믿기지 않거든 어디 한번 실험해 보라."

성공적인 직장생활을 하고 싶다면 직장 내 인간관계에 이 상대성 이론을 응용할 줄 알아야 한다. 직장생활을 하다보면 가끔 자기 생각만 옳다고 주장하는 단순한 정의파가 있다. 이러한 사람의 정의에 대한 판단 기준은 지극히 주관적이다.

때로는 시시콜콜한 개인적 감정까지 동원하여 판단하는 것이므로 자기가 좋아하는 사람의 잘못은 흔쾌히 용서하지만, 조금이라도 싫어하는 사람의 잘못은 끝까지 추궁하지 않으면 직성이 풀리지 않는다.

따라서 이 사람이 옳다고 하는 것이 반드시 조직을 위한 것이 아니며, 그가 부정하다고 단정짓는 것이 오히려 전체에 손해를 끼치는 경우도 있다.

이러한 아전인수격 정의파는 조직 전체에나 주위 사람들에게 손해를 끼친다.

Think week

가끔 자기 생각만 옳다고 주장하는 정의파가 있다. 이러한 사람의 정의에 대한 판단 기준은 지극히 주관적이다.

120

자존심

한 약소국 수상이 미국의 장관과 회담을 갖기로 했다.

장관을 만나기 위해 수상은 장관의 집무실까지 직접 찾아 가야 했으며 비서로부터 신분 조회를 요구받았다. 뿐만 아니라 장관은 회담 시간이 지나도 나타나지 않았다.

회담 시간이 5분이 지나자 수상은 "나중에 다시 연락하겠다"는 말을 남기고 돌아가 버렸다.

이 사건은 외교가에 커다란 파문을 일으켰다.

수상에게 5분도 더 기다릴 수 없을 만큼 급한 일이 있었을까. 그렇지는 않았을 것이다.

미국과 외교관계를 맺기 위해 몇 개월씩이나 공들인 엄청난 노력을 그렇게 순식간에 수포로 돌아가 버린 것은 무엇일까?

실제로 5분이란 시간은 우리 인생에 아무것도 아닐지도 모른다. 그러나 이 사건에서 중요한 것은 5분이란 시간이 말하고 있는 의미다.

한 나라 장관이 다른 나라 수상을 5분을 기다리게 했다는 것은 "나는 이 회견을 그렇게 중요하다고 생각하지 않습니다. 당신과의 회견은 매일 되풀이되는 것 중 하나에 지나지 않습니다. 따라서 당신과 만나는 것을 특별하게 가치 있다고 생각하지 않습니다"라는 사실을 잘 보여 준다.

장관이 그렇게 의도하지 않았다 하더라도 이쪽에서 그렇게 받아들였다는 데 문제의 심각성이 있다.

뇌에 아무런 이상이 없는 사람이 정신이상자가 되기도 한다. 이런 경우는 보통 자신의 소중함이 현실세계에서 충족되지 못하기 때문이다.

결혼에 실패한 한 여성이 있었다. 그녀는 결혼생활을 시작하면서 많은 꿈을 꾸었다. 그러나 현실은 그녀의 희망을 무참하게 짓밟아버렸다.

남편은 그녀를 사랑해 주지 않았고, 식사도 자기 방에서 혼자 하곤 했다. 그녀는 아이도 낳지 못했고, 사회적 지위도 신통치 않았다.

결국 그녀는 정신이상자가 되었다. 그녀는 광기의 세계에서 남편과 이혼하고 아주 돈이 많은 사람과 결혼한 것으로 믿고 있었다. 또 자신이 매일 밤 어린아이를 낳고 있다고 믿었다.

자기의 소중함을 갈망한 나머지 광기의 세계에서 이것을 충족시키고 있었다.

Think week

> 행운에 모든 것을 내맡긴 채 의지하려 들지 마라. 행운을 붙잡으려면 노력을 기울여야 한다. 그렇지 않으면 금방 당신 곁을 스쳐지나가 버릴 것이다.

⊙ 인간관계에 관한 격언

1. 혼자 식사할 수는 있지만, 혼자 일할 수는 없다.

2. 동료가 없어도 자기 혼자 잘해 나갈 수 있다고 생각하는 것은 잘못이다. 그리고 동료가 없으면 혼자서는 해나갈 수 없다고 생각하는 것도 잘못이다. 또 자기가 없으면 동료가 해나갈 수 없다고 생각하는 것은 더욱 큰 잘못이다.

3. 처음 만나는 사람에게는 깍듯하게 경의를 표하라. 그리고 그만큼 경계하라.

4. 한 번 속임을 당하면 그 사람을 원망하고, 만일 같은 사람에게 두 번 속았다면 자기 자신을 저주하라.

5. 무릇 훌륭한 예의범절이란 남의 좋지 않은 예의범절을 용서해 주는 것이다.

6. 세상은 두 명 이상의 사람이 협력해서 만드는 것이다.

7. 다른 사람들로부터 존경을 받으려면 무엇이 필요한가? 가장 바람직한 것은 지성이다. 그러나 지성이 모자라면 돈이 있어야 한다. 그리고 돈은 없어도 착한 아내가 있으면 결점을 숨길 수 있다.

8. 말을 부리려면 채찍보다 당근을 주는 편이 낫다.

사람을 읽는 기술

다나베 가츠노리 지음 | 최문연 옮김

발행일 초판 1쇄 2009년 6월 15일
　　　 초판 7쇄 2013년 4월 12일
발행처 평단문화사
발행인 최석두

등록번호 제1-765호 / 등록일 1988년 7월 6일
주소 서울시 마포구 서교동 480-9 에이스빌딩 3층
전화번호 (02)325-8144(代) FAX (02)325-8143
ISBN 978-89-7343-302-5 03320

이 도서의 국립중앙도서관 출판시도서목록(CIP)은 e-CIP 홈페이지
(http://www.nl.go.kr/ecip)에서 이용하실 수 있습니다.
(CIP제어번호 : CIP200901610)

저희는 매출액의 2%를 불우이웃돕기에 사용하고 있습니다.